Harold Brodkey
Zwei Erzählungen

Die kleine Reihe

Büchergilde Gutenberg

Harold Brodkey

Unschuld

Spiel

Zwei Erzählungen

Mit zwei Linolschnitten von
Heinrich Schmid

Lizenzausgabe für die Büchergilde Gutenberg
Frankfurt am Main und Wien
mit freundlicher Genehmigung des
Rowohlt Verlages GmbH, Reinbek bei Hamburg
Entnommen aus Harold Brodkey ›Unschuld‹

Aus dem Amerikanischen von
Hans Wollschläger ›Unschuld I–III‹
Dirk van Gunsteren ›Unschuld IV‹
Susanna Rademacher ›Spiel‹
Einbandgestaltung Heinrich Thomas, Heidesheim
unter Verwendung eines Linolschnittes von
Heinrich Schmid, Frankfurt am Main
Herstellung Margot Mayer, Erzhausen
Satz Utesch Satztechnik GmbH, Hamburg
Druck R. Oldenbourg Graphische Betriebe GmbH, Kirchheim
Bindung Großbuchbinderei Monheim, Monheim
Printed in Germany ISBN 3 7632 4192 2

UNSCHULD

Orra in Harvard

Orra Perkins war Studentin im letzten Semester. Ihre Blikke waren wie eine Gewalt, die einen jäh traf. Wahrhaftig, Leute, die sie kennenlernten, hoben oft unwillkürlich die Arme, als müßten sie sich abschirmen gegen den Glanz ihrer Erscheinung. Sie war ein etwas mageres, tulpengleiches Mädchen von mittlerer Größe. Sah man sie im Sonnenlicht, sah man den Marxismus sterben. Ich bin nicht der einzige, der das sagte. Es lag einfach daran, daß man, wenn man eine Wertarbeit von derart hoher Qualität plötzlich leibhaftig vor sich sah, eine Entscheidung zu treffen hatte, ob eine solche Qualität Recht auf persönliches Existieren besaß oder ob sie dem Staat gehörte und unter Bewachung gestellt werden sollte, im Maßstab verkleinert, überhaupt kleiner gemacht, ausgelacht.

Hinzu kam noch faktisch, daß man reich sein mußte und berühmt, wenn man Hand an sie legen wollte; sie stellte ja fraglos eine Trophäe dar, und die Frage erhob sich, ob diese Trophäe nun unbedingt nur aus ökonomischen und politischen Gründen zu verleihen war oder ob auch der Zufall dabei mitspielen konnte.

Ich war ebenfalls Student im letzten Semester und ein Spötter. Ich hatte kein Geld. Ich war ohne Stammbaum. Orra kam mir vor wie der leibhaftige Beweis dafür, daß das Leben ein erschreckendes Phänomen der Bewußtseinsoberflächlichkeit war. An ihr wurde jeder Begriff, den ich von psychologischer Normalität oder von Gerechtigkeit hatte, zuschanden, weil die Normalität nicht so bewunderns- oder begehrenswert war wie Orra; oder vielmehr war sie die Normalität selbst, und alles andere fiel dagegen ab, war Abweichung, Ausnahme; und Gerechtigkeit war unvorstellbar, wenn sie oder jemand ihresgleichen, sofern es überhaupt noch ihresgleichen geben konnte, wenn man sie einmal gesehen hatte, nicht mit einem schlafen wollte. Ich rief in meinem Zimmer regelmäßig allgemeine Heiterkeit dadurch hervor, daß ich in Gegenwart meiner Freunde laut ihren Namen brüllte, dann in Gelächter ausbrach und schließlich seufzte: »Mein Gott, wir haben ja so wenig Gelegenheit!« Es war bitter, daß es sie gab und ich sie nicht gehabt hatte. Man konnte immer noch einem gewöhnlichen Mädchen den Vorzug geben, aber nicht aus einfachen Gründen.

Sehr viele Leute mieden sie, liefen vor ihr weg. Sie war, bis zu einem bestimmten Grad, wissender als wir andern alle, weil die Erfahrungen, die sich ihr geboten hatten, so extrem gewesen waren und so extreme Reaktionen bei ihr hervorgerufen hatten – Szenen auf dem Harvard Square mit einem englischen Marquis, der auf einer Party im Lowell House den Sohn eines Milliardärs so heftig geschlagen hatte, daß er rücklings zu Boden ging, worauf sie sagte und später wiederholte: »Ich schlafe grundsätzlich mit keinem, der einen fetten Arsch hat.« Extrem in den Demütigungen, die sie erlitten und zugefügt hatte, in der krassen Derbheit der Publizität ihres Lebens, das mit solchen Abenteuern definiert wurde, extrem in den Gefahren, die sie heil oder auch nicht vollkommen heil überstanden hatte, in der ganzen erlebten Billigkeit, so daß sie sich jetzt auf einer Höhe befand, die einem angst machen konnte, einer

Höhe der Erfahrung und des Andersseins, die sie über jedermann sonst erhob. Sie hatte an allem teilgenommen und alles ausgekostet, Intrigen, größere und kleinere, die Dramen der im Rampenlicht der Politik stehenden Familien, Leidenschaft, Betrug und Torheiten großen und teuren Stils, Versprechungen, Gewalttätigkeit, den echten Schmerz der Niederlage, wenn Niederlagen bis zu einem gewissen Grad das Ergebnis von Eigenschaften und nicht von Defekten sind, und sie wußte, wie faul ein Sieg war, den man nicht endgültig errungen hatte. Sie war derb und schönheitsgeschädigt. Sie war wie ein riesiger Vogel, sie war so exzentrisch wie ein Straußenweibchen, wenn sie auf dem Yard herumschritt, in ihrer absurden Pracht, sie war so anders in ihrer Art als wir, als sei sie einer anderen Form der Fortbewegung fähig durch das willfährige Medium der Luft, durch die fremdartigen Räume unserer Minuten auf dieser Erde, durch die düsteren Umstände unseres Lebens in jenen Jahren.

Die Leute sagten, es lohne sich, dies oder das zu tun, bloß um sie zu sehen – der bloße Umstand, daß man sie sah, gab einem so etwas wie Antrieb, war so etwas wie ein Zeugnis dafür, daß das Leben interessant war. Aber nicht vielen lag derart viel daran, sie zu kennen. Die meisten zogen es vor, auf Distanz zu bleiben. Ich weiß nicht, ob die Tatsache, daß sie sich selbst zu dem gemacht hatte, was sie darstellte, ihr dienlich gewesen war. Sie hätte ganz gewöhnlich sein können, wäre das ihr Wunsch gewesen.

Sie hatte unauffälliges Haar, eine ganz und gar nicht eindrucksvolle Stirn und außerordentliche Augen, tiefliegend, sehnsüchtig, hoffnungsvoll, ärgerlich gelangweilt hinter weichen, schweren Lidern, die flatterten, wenn sie interessiert war und wenn sie überhaupt nicht interessiert war. Sie hatte ein starkes Verlangen, Randfiguren und Fremde nicht zu behelligen und auch von ihnen nicht behelligt zu werden. Sie hat eine stolze, zu große Nase, die ihr das Aussehen eines edlen, störrischen Hundes gibt. Ihr Mund ist von bestürzend schöner Harmonie – er zeigt viel mehr unmittelbaren Ausdruck als ihre Augen, und er zeigt ihre Unerbittlichkeit: es ist die Unerbittlichkeit der Lebenserfahrung, die sie in sich trägt. Die Leute starrten sie unentwegt an. Manche kicherten nervös. *Magst du mich, Orra? Magst du mich ein bißchen*? Sie starrten die großen Hände der Aztekenpriesterin an, die sie alle dem Fühlen und dem Grauen erschloß, die ihre Herzen freilegte, die furchtbare Ängstlichkeit ihres Lebens. Sie starrten in die unglaublichen Symmetrien ihres manchmal qualvoll leidenschaftlichen Gesichts, in den regellosen Schmerz der Schönheit, der sich darauf abzeichnete, in die gelegentlich unbändige Fröhlichkeit, die sie empfand, weil sie schön war. Ich mag schöne Menschen. Die Symmetrien ihres Gesichts wurden oft durchkreuzt von ihren tastenden Versuchen nach Ausdruckskraft – die Schönheit war ein Stein, unter dem sie sich hervorkämpfte. Eine komische Schönheit. Ein grausamer Clown von einem Mädchen. Manchmal war ihr Gesicht absolut teilnahmslos, wie maskiert von Dumpfheit, und sie versuchte, inkognito unter uns zu wandeln. Ich stellte fest, daß jeder ihrer Zusammenbrüche sie näher in den Bereich des Möglichen für mich rückte. Ich hatte nie einen Zweifel daran, daß sie privat eine ganz prosaische, scheißende und pissende Person war. Sooft ich Gelegenheit fand, sie längere Zeit zu beobachten, in einem Klassenzimmer zum Beispiel, kam mir der Gedanke, *ich verstehe sie*.

Sooft ich mich ihr näherte, kam sie mir bis zu einem gewissen Punkt entgegen, und dann passierte es plötzlich, daß ich, oft sogar mitten im Gespräch mit ihr, als Persönlichkeit, als sexuelle Gegenwärtigkeit, als jemand, der greifbar für sie war und ein wichtiges Gegenüber, zu immer größerer Unsichtbarkeit verblaßte. Das war so, als sie aufs College kam, als sie einige Semester hinter sich hatte, als das Examen näher rückte. Als wir ins letzte Semester gingen, hatte ich mittlerweile gelernt, wie ich es umgehen konnte, unsichtbar zu sein, sogar in Orras Gegenwart. Orra war, das war mir aufgegangen, im Grunde nicht mehr als eben ein tolles College-Mädchen, vielumschwärmt und vielgepriesen, aber doch nicht mehr als das. Aber mein Gott, mein Gott, vor meinem Blick, in meinen Gedanken schritt sie wie eine *Nike*, trat sie auf wie ein Sturm aus Licht, und das Denken an sie war so grenzenlos weit wie die Wüste. Manchmal, in früher Winterdämmerung auf dem Yard, sah ich sie in ihrem Mantel, aufgeknöpft sogar bei kaltem Wetter, ganz als glühe sie immerfort irgendwie, sah sie unförmig einen Weg entlangstapfen, wie eine dürre Hockeyspielerin, eine große Sportlerin, die nach dem Abpfiff halb stolpernd, in sich zusammengesackt vom Rasen geht, doch immer noch Kraftreserven hat, verstehn Sie? Und ihr Gesicht konnte, während sie so dahinging, rucken und zucken wie das eines Hundes im Schlaf, je nachdem, was in ihrem Kopf vorging, ein Gespräch oder ein Abenteuer oder ein Tagtraum. Oder sie konnte durch die frühe Dunkelheit schreiten, mit eisigem Gesicht, hochmütig, wütend, sämtliche Körbe, die man je bekommen würde, gebündelt in einem einzigen lächerlich schönen Mädchen. Man sagte ständig: *Ich möchte wohl wissen, was einmal aus ihr wird.* Daß sie mich ignorierte, brandmarkte mich als ein sexuelles Nichts. Sie war der Beweis für ein Niveau des sexuellen Abenteuers, das ich trotz aller Anstrengung bisher noch nicht erreicht hatte: dieses Niveau gab es, weil es Orra gab.

Was hat man nur davon, derart verliebt zu sein?

Orra bei mir

Ich mißtraue allen Zusammenfassungen, jedem raffenden Durchgleiten der Zeit, jedem zu hochgegriffenen Anspruch, unter Kontrolle zu haben, was man erzählt; ich glaube, wer zu verstehen behauptet, dabei aber ersichtlich gelassen bleibt, wer mit Emotion zu schreiben behauptet, diese Emotion aber nur gemächlich aus der Erinnerung holt, der ist einfach ein Narr und ein Lügner. Verstehen heißt zittern. Sich wirklich erinnern heißt wiedereintauchen und zerrissen werden. Ein Akrobat, der mit spöttischer Eleganz durch die Luft geflogen ist, steht anschließend aufrecht auf seiner Plattform und macht seine spöttische Verbeugung, als wäre das, wofür er Applaus erhält, ganz leicht für ihn und koste ihn rein nichts, obwohl er mittlerweile mit Schweiß bedeckt und sein Lächeln geschliffen ist von einer Erleichterung, die ihn nicht weiter darüber nachdenken läßt; er hat sich dem Stil des Showbusineß ergeben; er tut so, als wäre er ein Übermensch. Mich ödet das an, wie alles, wohin es uns gebracht hat. Ich bewundere die Glaubwürdigkeit der Kraft, die erforderlich ist, um vor einem Ereignis in die Knie zu gehen.

Im letzten Frühjahr vor unserem Examen bekam ich sie schließlich. Wir hatten vereinbart, uns zum Essen zu treffen und uns vorher auf meinem Zimmer noch einen kleinen billigen Schwips anzutrinken, bevor wir dann zum Essen ausgingen. Ich ließ die Tür unverschlossen; und ich lag nackt auf meinem Bett unter einem Laken. Als sie an die

Tür klopfte, sagte ich »Herein!«, und sie kam herein. Sie fing sofort an zu schnattern, beschwerte sich, daß ich noch im Bett lag; sie schien zu glauben, ich hätte ein Nickerchen gemacht und nur vergessen, rechtzeitig aufzustehen und mich für ihre Ankunft herzurichten. Ich sagte: »Ich bin nackt unter diesem Laken, Orra. Ich habe auf dich gewartet. Ich hab nicht geschlafen.«

Ihr Gesicht wurde leer. Sie sagte: »Du verdammter – warum konntest du nicht warten?« Aber noch während sie das sagte, legte sie schon ihre Bluse ab.

Ich war ziemlich perplex darüber, daß sie so fügsam war; und dann sah ich, es lag vielleicht zum Teil daran, daß sie nicht das Risiko eingehen wollte, nein zu mir zu sagen – sie wollte nicht, daß ich verletzt war und schwierig wurde, sie wollte nicht, daß ich explodierte; sie hatte irgendwie die Hoffnung, mich glücklich zu machen, damit ich wirklich Gefallen an ihr fand und glücklich mit ihr wurde und mich ihr aufschloß: ich drücke das alles ziemlich schlecht aus. Doch daß sie nicht imstande war, nein zu sagen, bewahrte mich davor, so große Angst vor sexuellem Versagen zu haben, daß ich meinerseits nicht mehr imstande gewesen wäre, auf ihr Vergnügen bedacht zu sein oder mir überhaupt darüber Gedanken zu machen, wie sie im Bett reagierte. Sie reagierte nämlich sehr dilettantisch und unerfahren im Bett, und irgendwie rührte mich das. Sexuell war das Ganze eine ziemlich armselige Angelegenheit; sie konnte nicht kommen, ja sie spürte nicht einmal besonders viel, soweit ich sah. Hinterher, als ich neben ihr lag, dachte ich an ihre acht oder zehn oder fünfzehn Liebhaber, die alle Angst vor ihr hatten, Angst, sie könnten etwas falsch machen, wenn sie ihr etwas über Sex erzählten. Ich stellte sie mir bildlich vor, wie sie alle ihr eigenes Ego schützten, wie sie die Arme um ihr Ego schlangen und Orra nicht an sich heranließen. Es war wie eine Zärtlichkeit, eingebettet in das Ergebnis, daß sie, in ganz augenfälliger Weise, bei nur ein bißchen kritischer Interpretation Jungfrau war. Und beeinträchtigt, ja verkrüppelt dadurch, daß sie schön war, ganz wie ich gedacht hatte. Natürlich, sagte ich mir, mußte ich damit rechnen, daß ich mir lauter Illusionen machte. Aber was ich für den Rest dieser Nacht tat – wir blieben die ganze Nacht wach; wir redeten, wir stritten eine Weile, wir gestanden uns verschiedene Sachen, wir diskutierten über Sex, wir fickten wieder (das zweite Mal war ein bißchen besser) –, ich behandelte sie mit der Gerechtigkeit, mit der ich einen Jungen meines Alters behandeln würde, einen jungen Mann, und mit einer ziemlich exakt eingesetzten beziehungsweise bemessenen Geduld und Toleranz, so als wäre sie querschnittsgelähmt und hätte ihr Leben im Rollstuhl verbracht und wäre allen Gefühls müde. Ich zeigte ihr überhaupt kein Gefühl. Ich hatte den Eindruck, sie war erstickt unter den Gefühlen und der Gefühlsseligkeit von Leuten, auf die ihr Äußeres Eindruck gemacht hatte. Sie war schön und verängstigt und leer und scheu und allein und unverwundet und verwundbar (wie ein Krüppel: was kann man einem Krüppel noch weiter antun?). Sie war Cäsar und beherrschte die ganze bekannte Welt und war zugleich auch Cäsar wieder nicht und überhaupt niemand.

Was ich zu tun hatte, war eine ziemlich komplizierte, zum Teil amüsante Geschichte. Ich durfte nicht empfänglich sein für ihre Schönheit, sondern mußte ihre Schönheit ignorieren. Sie war eine sonderbare Sorte von Mädchen; sie war innerlich schon isoliert, isoliert als Frau. Das bedeutete: wenn sie mir mit Sachen kam wie etwa: »Du bist sehr defensiv«, dann mußte ich debattieren, auf gleicher Ebene mit ihr, mußte sie ernst nehmen und sagen: »Wie meinst du das?« und dann darüber reden und wechselweise einen Schlag austeilen (»Über Defensivität kannst du gar nicht urteilen, in dir steckt die verrückte Unzurechnungsfähigkeit der Frauen, diese ganze irre Zusammenhanglosigkeit: Ich *muß* einfach defensiv sein!«) und mich ihr beugen: »Du hast ja recht: du denkst sehr klar. Na schön, ich werde das als Prämisse annehmen.« Natürlich war vieles von dem, was wir redeten, zusammenhanglos und unsinnig, wenn man es näher betrachtete, aber wir arbeiteten im Gespräch sozusagen aus, was wir meinten oder zu meinen glaubten. Ich reagierte nicht emotional auf sie. Sie war gar kein richtiges Mädchen, ja eigentlich gar kein menschliches Wesen: wie konnte sie das auch sein? Sie war eine Position, ein Pracht- und Prunkstück völlig eigener Art, eine Trophäe, die Pseudo-Kleopatra unserer hiesigen oberen Mittelschicht. Oder auch nicht Pseudo. Ich konnte nicht schwelgen in meinem Glück oder ganz unwillkürlich eitel sein. Ich konnte nicht mit stolzgeschwellter Brust wie auf Wolken gehen oder liegen, ein Halbgott mit einer Göttin, obwohl es keinen Zweifel gab, daß wir sehr glücklich waren, trotz allem, trotz der Armseligkeit des Sexuellen, trotz der Unterschiede unserer Einstellung, die alles waren, was wir gemeinsam zu haben schienen, trotz der Spannungen und Mißgriffe. Wenn ich mehr Freude von ihr empfing als sie an mir hatte, wenn ich sie auch nur für einen Augenblick aus dem Bewußtsein verlor, würde sie sofort wieder in ihre Isolation eingeschlossen sein. Ich konnte sie nicht lieben und zugleich besitzen. Ich konnte sie lieben und besitzen, wenn ich mir weder Liebe noch die Symptome des Gefühls, sie besessen zu haben, anmerken ließ. Es war Lüge, eine Hochglanz-Lüge gewissermaßen, wenn ich ihr die Möglichkeit des Fühlens erschloß, indem ich es ihr in den gelassenen Lügen meines Verhaltens bequem machte, ihr die Minuten mit falschen Botschaften beschriftete. Es war wie die Erfüllung einer Forderung im griechischen Mythos, etwa sich nicht nach Eurydike umzusehen. Die Nacht kroch dahin, schlich dahin, späte Minuten, bestäubt von Dunkelheit, inmitten einer schlafenden Stadt, unter einem Frühling, der kribbelte und krabbelte wie eine Plage von grünen Schlangen, Bissen von Wärme in der Luft, früh um vier dann Blätterdüfte, als der Gestank der Autos erstarb. Die Dämmerung kam, so rosig, pastellen, so absolut irre: Wir redeten über die Möglichkeit angeborener grammatischer Strukturen; ich sagte, es wäre eine unwahrscheinliche Vorstellung, daß die Juden wirklich »von Gott heimgesucht« seien (der Gedanke war von einem Juden zur Sprache gebracht worden), und die große Schwierigkeit wäre eben gewesen, einen gerechten Gott zu erfinden, und wenn Gott zu einem bestimmten Zeitpunkt selbst erschienen sei oder sich auf Propheten verlassen habe, dann habe es Gradunterschiede in der Möglichkeit seiner Erkenntnis geben müssen, weshalb er bereits per definitionem ungerecht gewesen sei; gerecht wäre ein Gott überhaupt nur dann, wenn er aus dem bestünde, was jedermann zu allen Zeiten bewußt und bekannt war; und man könne einen im Grunde messianischen, einen tiefreligiösen, betrügerischen Denker am besten daran erkennen, inwieweit er versuche, seine Lehre in der Aussage zu verankern, sie sei schon immer wahr gewesen, sei selbst dem Wilden eingeboren, während ein ehrlicher Denker, ein Nicht-Lügner, durchdrungen sei von der Wahrheitserkenntnis des Fortschritts und Wechsels und begriffen habe, daß es im tiefsten Grunde keine Gerechtigkeit gibt, es sei denn als Erfindung, als Versuchskonstruktion des Willens, mit einem anderen zusammenzuleben, oder mit vielen anderen, ohne sie zu zerstören. In diesem Augenblick sagte Orra: »Ich glaube, wir sind dabei, uns ineinander zu verlieben.«

Ich dachte, ich hätte sie davor bewahrt, allzu deprimiert zu sein nach dem Ficken – es ist ja doch bitter für ein Mädchen, das auch nur ein bißchen Kraft und Grips besitzt, den ganzen Vorgang zu akzeptieren, sich ficken zu lassen, ohne zu versuchen, sozusagen den Spieß am Ende herumzudrehen, das heißt, selber ein bißchen zu ficken, oder die Sache zu verderben; ich meine, die bloße Kraft, einen Mann hochzubringen, ist einfach nicht genug: Das Mädchen will ihn so weit haben, daß er bereit ist zu sterben, um zu ficken. Es gibt so etwas wie eine Kraftanstrengung oder Leistungsfähigkeit, zu der Frauen geboren sind, wie Tiere, zum Kindergebären, wo doch die Geburt ihnen den Tod bringen könnte, zur Aufzucht des Kindes, wo doch das Kind jeden Augenblick sterben kann: Es liegt in der Natur der Frauen, daß sie unter dieser Gefahr leben, mit diesem Risiko, mit dieser Nähe zur Tragödie, mit diesem gleichbleibend angespannten oder zwanglosen Mut. Sie brauchen Tod und Adel des Handelns zugleich. Sich ficken lassen, wenn nicht unzertrennlich ein Drama dazu gehört, wenn man das Männliche dabei nicht auf ein ewig geleugnetes Niveau des Adels und des Mutes erheben kann, heißt abgeschnitten werden von dem, was unzertrennlich weiblich ist, brutal gesprochen. Ich wollte ihr ein halbwegs anständiger Partner sein. Ich wußte nicht, daß mir das lag. Ich bin psychologisch, dem Wesen nach, eine flüchtige Übergangsnatur. Durchaus so etwas wie ein Lump. Ich bin unfähig zu jeglicher beständigen Treue und jeglichem Stillhalten; ich bin ein Gestalter, Belehrer. Aber ich machte alles richtig bei ihr.

Es dämmerte, wie ich schon sagte. Wir standen nackt am Fenster und sahen still zu, wie das Licht sich veränderte. Endlich sagte sie: »Hast du Hunger? Willst du was zum Frühstück?«

»Klar. Ziehn wir uns an und gehn wir –«

Sie schnitt mir das Wort ab; sie sagte mit einer lustigen Art von Bestimmtheit: »Nein! Laß mich allein gehen und uns was zu essen holen.«

»Orra, du sollst mich nicht bedienen. Warum machst du das? Sei nicht so.«

Aber sie hatte es furchtbar eilig, verliebt zu sein. Nach diesen paar Stunden, nach derart kurzer Zeit.

Sie sagte: »Ich hin nicht so schlau und munter wie du, Wiley. Laß mich dich bedienen. Dann ist alles im Lot.«

»Es ist doch alles im Lot, Orra.«

»Nein. Ich bin schal und langweilig. Du glaubst das bloß nicht, weil du in mich verliebt bist. Laß mich gehen.«

Ich kniff die Augen halb zu. Nach einer Weile sagte ich: »Also gut.«

Sie zog sich an und ging und kam wieder. Während wir aßen, war sie still; ich sagte ein paar Sachen, aber sie hatte keinen Kommentar abzugeben; sie aß sehr wenig; sie faltete die Hände und lächelte mild wie das Porträt einer hübschen jungen Mutter aus dem neunzehnten Jahrhundert. Jedesmal wenn ich sie ansah und sie merkte, daß ich sie ansah, wechselte der Ausdruck auf ihrem Gesicht, und ich blickte in Augen, die auf eine absolute und stetige Weise alles willkommen hießen, was ich war und sagen mochte.

So, es hatte begonnen.

Orra

Sie war nicht gekommen. Sie sagte, sie sei noch nie gekommen, bei niemandem. Sie sagte, es mache ihr nichts aus.

Nach unserem ersten Mal beklagte sie sich: »Bei dir geht das zack, zick, zack – wie bei einer Heuschrecke.« Also hatte sie mehr Lust erwartet, als sie gehabt hatte. Aber nach dem zweiten Fick und nach Anbruch der Dämmerung beklagte sie sich nie wieder – höchstens wenn ich versuchte, sie zum Kommen zu bringen, und dann beklagte sie sich *dar*über. Sie zeigte beim Sex keinerlei Abneigung gegen irgendwelche meiner sexuellen Eigenheiten oder gegen die Rhythmen und Stellungen, in die ich verfiel, wenn ich fickte. Aber es brachte keine Freude oder Befriedigung; es ärgerte, beunruhigte mich, daß sie nicht kam. Die Freude oder Befriedigung blieb auch im Hinblick auf mich selber aus. Den Grund dafür sah ich darin, daß sie mich stärker anzog, als sie mich befriedigen konnte, stärker vielleicht, als Ficken mich überhaupt je befriedigen konnte, daß um so mehr Sog entstand, je mehr man achtgab, so daß das Sexuelle selbst darin versank und ertrank – ich meine, die schärfsten Nervensensationen, und doch auch die dumpfesten, ödesten zugleich, hat man beim Masturbieren –, aber wenn man auf niedrige, schmutzige Weise mit jemandem verbunden ist, gibt es Geräusche, Ablenkungen, die alle Sensationen des Fickens ersticken. Lange Zeit war die Art, wie sie ihren Wunsch äußerte, sich ficken zu lassen, wie sie sich auszog, war das sanfte horizontale Hüpfen ihrer Brüste, wenn sie dalag, und das sanfte Beben, das sozusagen sehnenlose Hingestrecktsein ihrer Beine und ihres Unterleibs, mit dem sie mir mehr oder weniger zeigte, daß sie bereit war, für mich bewegender, unendlich viel wichtiger als jede bloße Ejakulation später, jeder Zielstoß in ihre Dunkelheit, jedes Hineinwirbeln künftiger Generationen in das geballte Universum, in die so strenge Verweigerung in ihrem Innern: Ich klammerte mich an sie, ich grunzte, ich verankerte mich in der denkbar flüchtigsten Erleichterung von dem Verlangen, das ich nach ihr empfand; ich war jedesmal nach zwanzig Minuten wieder hungrig und wieder fickwütig; es war schon ein rechtes Elend, dieses Durcheinander. Es kam mir so vor, als könnten wir in den riesigen Räumen der erregten Erwartung, willkommen geheißen zu werden voneinander, nur blind und bestenfalls halb unsere Körper organisieren. Aber was sollte das? Wir würden vermutlich sterben in diesen untergründigen Höhlen; ein Teil von unser beider Leben würde sterben; eine gewisse Unschuld und Hoffnung würde das nie und nimmer überleben: wir waren zu offen, zu unbeholfen, und wir waren die falschen Leute: was also sollte ein Fick schon bedeuten? Es machte mir nichts aus, wenn Sex immer ein bißchen kratzig war, ein bißchen Fehlschlag mit enthielt, wenn er nur zugleich Vorbereitung war für weiteren Sex in einer halben Stunde, wenn das Kommen nur weiteres Vorspiel war. Wenn dies alles war, was uns ins Haus stand, na schön. Aber allmählich kam es mir wie Betrug an ihr vor, daß sie so viel für mich empfand, daß sie abhängig war und großzügig war und daß sie doch nicht kam, wenn wir fickten.

Sie sagte, sie sei noch nie gekommen, nicht ein einziges Mal, und sie brauche das auch nicht. Und ich dürfe mir darüber keine Gedanken machen. »Ich bin eine Tigerin im Bett«, erklärte sie, »und ich vögle gern, aber ich habe zuviel Sex, um zu kommen: ich bin nicht zimperlich genug dazu. In *der* Beziehung bin ich nicht selbstsüchtig.«

Ich konnte sehen, wie es mit ihr stand: Sie hatte sich gewissermaßen umgetan, sie hatte sich Männer ausgesucht und sie aufgefordert, ihre Liebhaber zu werden, wie sie es bei mir getan hatte, statt auf sie zu warten oder sich einen Plan zu machen, wie sie ihre Aufmerksamkeit in irgendeiner subtilen Weise auf sich ziehen könnte; und im Bett war sie sexuell sehr aufgekratzt und ein bißchen draufgängerischer und weniger ängstlich als die meisten Mädchen; aber nur aus der Perspektive der oberen Mittelschicht war sie *eine Tigerin im Bett.*

Ich hatte den Eindruck – und mein ganzes Selbst war darauf ausgerichtet-, daß ihr Nicht-Kommen etwas aussagte über das, was zwischen uns war, daß ihr Nicht-Kommen eine unleugbare Tatsache war, ein Grenzmaß dessen, was zwischen uns war. Ich war nicht der Ansicht, daß wir uns einbilden sollten, wir wären großartige Liebende, wenn wir es nicht waren.

Orra sagte, wir seien es durchaus, und ich hätte keine Ahnung, wie lausig schlecht der Sex bei andern Leuten sei. Ich teilte ihr mit, das entspreche nicht meiner Erfahrung. Wir waren, so kam es mir vor, zwei Einundzwanzigjährige, verbildet und verzogen, unwiderruflich schüchtern unter der glatten Politur unserer sexuellen Zielstrebigkeit und unseres sexuellen Hungers, und psychologisch sozusagen etwas abgerissen und nur dazu fähig, einander auf Teilgebieten nützlich zu sein. Wir waren noch nicht König und Königin von Schwanzundfotzenland.

Orra sagte, die Frage, ob man kommen könnte, sei für Frauen beim Sex von geringerer Bedeutung und ein entwürdigender Maßstab der Sexualität. Sie sagte, als Maßstab sei das von Leuten gesetzt worden, die nichts von Sex verstünden und Frauen einfach kindisch beurteilten.

Mir kam es vor, als verwandle sie da etwas Faktisches, das Kommen, in eine Public-Relations-Angelegenheit. Aber Mädchen standen in diesen Dingen unter schrecklichem öffentlichen Druck.

Wenn sie darüber sprach, über diese Dinge, stellte sie einen ganz eigenartigen Gesichtsausdruck zur Schau, verächtlich, überlegen, verkniffen, einen Paß-auf-daß-ich-nicht-Hackfleisch-aus-dir-mache-Blick – in meinen Gedanken war es der Orra-wie-sie-ist-Blick, Orra allein, Orra-ohne-Wiley, ohne mich, Orra isoliert und deprimiert, eine Orra, die einschüchternde Männer haßte.

Sie verwies auf Romane, auf Romane von weiblichen Autoren, auf spezielle Szenen und Bemerkungen über Sex und das Kommen für Frauen, aber ich hatte ein paar von diesen Büchern gelesen, aus reiner Neugier, und keins von ihnen war Literatur, und die Heldinnen darin waren unterschiedslos unschuldig in jeder Beziehung; aber sehr stark und sehr erfahren, und sie hatten ein beängstigend gutes Urteil; und die Männer, die sie liebten, wurden in einer Weise beschrieben, daß sie einem eher wie Demonstrationsbeispiele der sexuellen oder intellektuellen Bandbreite ihrer Partnerinnen vorkamen als wie echte Sexualpartner oder Sexualobjekte; die Frauen verkehrten sehr reichlich mit Männern, die ihnen physisch offenbar langweilig waren; ich hielt die Bücher und ihre Charaktere wie ihre Verfasserinnen einfach für sexuell naiv.

Sehr wenige Frauen nur, so kam es mir vor, hatten wirkliches Verständnis, wirkliche Verständnisfähigkeit für die physische Realität. Immerhin, oft waren sehr sonderbare Sachen wahr, und die Vorstellung des Mannes vom Orgasmus blieb notwendigerweise auf ein spezielles Gebiet beschränkt.

Wenn ich irgend etwas im Bett machte, um sie zu erregen, mit dem Ziel, sie damit vielleicht zum Orgasmus zu bringen, bat sie mich, es nicht zu tun, und das irritierte mich auf die Dauer höllisch. Aber egal, was sie sagte, es mußte in jedem Fall schlimm für sie sein, nach sechs Jahren Fickpraxis noch immer nicht zum Höhepunkt zu kommen. Es mußte daran liegen, daß es ein Ansturm auf ihr nervliches Durchhaltevermögen war. Wie stark konnte sie sein?

Ich überlegte mir, ob Frauen, die kommen konnten, sich vielleicht derartig gehenließen, daß sie grundsätzlich einen sturen Bock als Liebhaber vorzogen, also jemanden, der ganz anders war als ich: Ich hatte den Typ des starken, stummen Schwachkopfs schon oft gespielt. Manche Mädchen wurden die reinsten Schmeichelkätzchen, wenn sie gekommen waren, sogar Schwachköpfen gegenüber. Andere sprangen auf und gaben sich jäh wieder stark und robust, stolz auf sich selbst, als ob das Kommen samt und sonders *ihr* Verdienst wäre und ich mich eigentlich geschmeichelt fühlen müßte. Gott, es war schon eine seltsame Welt für sich. Mädchen mit Grips hatten die Tendenz, ihren Orgasmus zu kontrollieren und immer nur einen pro Fick zu spendieren, ganz wie ein Mann; und oft versuchten sie auch noch diesen einen unter Kontrolle zu behalten, sie begrenzten ihn auf einen einzelnen naserümpfenden Spritzer Erregung. Und selbst das machte sie dann manchmal noch restlos fertig, machte sie leer und sonderbar schwach und zerbrechlich und verwirrt und anfällig und faul. Oder sie gaben sich forsch und frech und sagten: »Gott, das hab ich aber nötig gehabt!«

Ich fragte mich, wie Orra wohl aussehen würde dabei, wie sie es machen würde, so ein Mädchen wie sie, wenn es losging, wie sie sich halten würde, ihre Augen, wie sie sich mir gegenüber verhalten würde hinterher, wenn es vorbei war. Um sie überhaupt dazu zu bringen, daß sie über Sex sprach, über ihren Sex, kam ich ihr mit dem Argument, die Analyse einer Sache sei natürlich deren Zerstörung, aber Blätter faulten auf dem Boden und bereiteten dort den Weg für das, was als nächstes darauf wachsen würde. So fing sie an zu reden.

Sie sagte, ich hätte unrecht mit dem, was ich ihr als meine Beobachtung mitgeteilt hatte, und es sei kein Unterschied bei ihr zwischen geistiger und physischer Erregung; es sei nicht wahr, daß ihr Geist schnell zu erregen sei und ihr Körper nur langsam, wenn überhaupt. Ich konnte nicht sicher sein, daß ich recht hatte, aber wenn ich auf einen Augenblick hinwies, in dem ein tiefes körperliches Gefühl in ihr gewesen zu sein schien, dann stimmte sie manchmal zu, das sei ein guter Moment gewesen nach ihren Begriffen; aber manchmal sagte sie auch, nein, es sei nur ein bißchen irritierend gewesen, wie ein besonders lästiges Kitzeln. Obwohl sie meinen Verstand durchaus schätzte, gestand sie mir doch keinerlei Autorität über das zu, was ich wußte – ich meine, wenn sich herausstellte, daß ich recht hatte. Sie behielt die Autorität über ihre Reaktionen in den eigenen Händen. Ihre Selbstverleugnung war ihr eigenes Werk. Mir gefiel das: manche Leute geben sich einem ganz einfach vollständig in die Hände, und dann steht man da und kann sie nicht halten, weil das zuviel für diese Hände ist: die eigenen Fähigkeiten reichen nicht aus dafür. Ich beschloß, mich an das zu halten, was ich beobachtete, und von ihr schlicht anzunehmen, daß sie im Irrtum war, und im übrigen kein Wort mehr über Sex mit ihr zu reden.

Ich beobachtete sie im Bett; ihr Körper war unschlüssig, widerwillig, träge, unduldsam – und unerträglich hungrig, fand ich. In ihrem Stolz, ihrem Selbstbewußtsein und ihrer Unwissenheit haßte sie das alles an sich selbst. Sie zog es vor, sich für lebhaft und gefühlsstark zu halten, Lust zu empfinden, wenn sie selbst es bestimmte und nicht, wenn ihr tatsächlich Lust bereitet wurde, Lust nach eigenem Wollen, nach eigenem Rezept, und sich mir, so kam es mir vor, eigentlich fast nur aus Höflichkeit hinzugeben, mir Lust zu schenken, nicht an sich selbst zu denken, ein braves Mädchen zu sein, weil sie verliebt war. Sie bestand darauf, aber das war zu sentimental, und so bestand sie zugleich auch darauf, überredete sich dazu, gab sich den Anschein, eine feurige Liebhaberin zu sein.

Sie war in gewisser Hinsicht, sexuell, eine zwanghafte Lügnerin. Ich nahm mir vor, jede noch so kleine Fehleinschätzung auszuräumen, die ich hinsichtlich Orras im Bett hatte, jedes romantische Gedusel, jede rosig gefärbte Hoffnung. Ich hatte den Eindruck, daß sie mit anderen Jungen immer das gleiche erlebt hatte: Sie war gehemmt, den Anfang zu machen, und sie hatten sie überschätzt, und sie waren übererregt gewesen und aus dem Gleichgewicht und beklommen bei dem Gedanken, wie sie wohl von ihr beurteilt würden, und sie hatten sich ihr Vergnügen geholt und das Weite gesucht.

Und dann war sie in ihrer Entschlossenheit, Sex zu haben, mehr und mehr zu einer sexuellen Närrin geworden. (Ich war in jeder nur möglichen Beziehung ein Narr: es machte mir nichts aus, daß sie eine sexuelle Närrin war.) Das erste Mal, als ich mit ihr ins Bett gegangen war, hatte sie geschrien und sich herumgeworfen, gut einen halben Meter nach jeder Seite, ganz wie sie meinte, daß es sich für eine Tigerin im Bett gehörte, nahm ich an. Ich hatte ihr hinterher entgegengehalten, daß kein Mensch derart erregt wäre, schon gar nicht, wenn er nicht kommen könnte; sie sagte aber, sie sei ja gekommen, in gewissem Sinne jedenfalls. Sie sagte, sie sei einfach zu sexuell für die meisten Männer. Sie sagte, ihre Reaktionen seien nicht gespielt, sondern stellten wirkliche Sexualität dar, wirklich und wahrhaftig. So ein stolzes, störrisches, dummes Mädchen!

Aber ich wies sie darauf hin, daß ein Mann, mit dem sie Geschlechtsverkehr hatte, nur mit Verwirrung reagieren werde, wenn sie sich dabei derart aufführte und sich herumwarf, nach rechts oder links oder womöglich auch noch hochauf nach vorn; und wenn ihr Verhalten derart unberechenbar und regellos sei, könne man ganz leicht seine Erektion verlieren; wenn sie sich derart herumwürfe, bestünde die beste Aussicht, daß sie damit den Verkehr überhaupt unterbräche, es sei denn, der Mann wäre sehr agil und balgte entsprechend mit, aber dieses Mitbalgen wäre dann kaum ein sexuelles Agieren für ihn: es wäre eher eine Art Fangspiel. Der Mann würde in einer Art Belagerungszustand ficken müssen, fortwährend bestürmt und zermürbt; ohne jede Ahnung, was wohl als nächstes von ihr käme, würde er ficken und sich beeilen, damit über die Runden zu kommen und wieder aus ihr raus.

Orra hatte bei dieser ersten Gelegenheit gesagt: »Das klingt alles einleuchtend. Kein Mensch hat mir das bis jetzt erklärt. Kein Mensch hat mir das bis jetzt richtig klargemacht. Ich werd es mal ein Weilchen auf deine Art versuchen.«

Danach war sie meist schüchtern und ehrlich gewesen und echt geil im Bett, aber unfähig, sich selbst zu erregen oder mehr für mich zu tun, als sie eben dadurch tat, daß sie da war und bereit für mich. Wie wenn ihre Hände in einem Netz gefangen wären und ihre Geisteskräfte wie verleimt und gelähmt, wie wenn ich einfach nicht mehr verdiente, oder wie wenn sie eine glatte Anfängerin wäre und so schüchtern, daß sie einfach nicht damit anfangen konnte, irgend etwas *Sexuelles* zu tun. Ich verstand das nicht: ich hatte immer gefunden, daß jemand, der Lust geben *wollte*, das auch konnte: man brauchte dazu keine besondere Geschicklichkeit, nur eben das Verlangen danach und so etwas wie eine, ich weiß nicht, blinde Fähigkeit, sich bis zu einem gewissen Grad seinen Weg zu erfühlen, zu ertasten im lichtlosen Labyrinth der Lust. Aber Mädchen aus der oberen Mittelschicht mochten mehr Angst davor haben, Männer mit den Banden exzessiver Lust an sich zu binden; solche Mädchen waren verhalten und schüchtern.

Ich stellte mich darauf ein, daß sie schroff und schwierig sein würde, obwohl sie beides mir gegenüber lange nicht gewesen war; aber diese Züge waren in ihr wie ein Schatten, und sie eigentlich gaben ihr die Dimensionalität, die sie mir wertvoll machte, die ihrer Freundlichkeit mir gegenüber erst Gewicht verlieh. Sie hatte das rührseligste und unsicherste, das einfältigste und doch tapferste und freigebigste Ego, das ich je bei einem Menschen kennengelernt hatte; und ihr Verhalten wechselte denkbar stupide zwischen dem Vornehmen, Sensitiven, Intelligenten, verbunden mit einer kläglichen, sicheren, fast hochnäsigen Zartheit, Freundlichkeit und Fürsorge dem Partner gegenüber, und dem ausgesprochen Selbstsüchtigen und Verletzenden. Der wichtige Punkt war, sie daran zu hindern, falsch zu reagieren, etwa wie in einem Film beziehungsweise in Nachahmung der Filme, die sie gesehen, und der Bücher, die sie gelesen hatte – sie hatte ein ganz sonderbares Vertrauen zu Filmen und Büchern; sie bewunderte alles, was Gefühl in ihr wachrief und trotzdem keine Verantwortung von ihr forderte, weil sie dann für sich und andere Glück produzierte wie Seide. Sie mochte ausgesprochen dunkle Philosophen, wie zum Beispiel Hegel, wo sie den Gedanken bewundern konnte, der Gedanke aber nichts von ihr verlangte. Trotzdem war sie Realistin und würde vermutlich alles erlernen, was auch ich wußte, und mich womöglich noch übertreffen. Sie hatte große Möglichkeiten. Aber sie war auch bloß ein gutaussehendes, pseudoreiches Mädchen, eine Paranoikerin, eine Perkins. Andererseits war sie über große Zeitstrecken wieder ein schlechthin phantastisches Mädchen, ein Glanzstück, eine Augenweide, und ein einziges leicht bebendes, anerkennendes, geistreiches, romantisches Heldinnenlächeln genügte, um mir das Herz aufgehen zu lassen. Der romantische Schimmer ihres Gesichts. Bis jetzt hatte sie in ihrem Leben noch jedermann enttäuscht. Ich mußte all dies im Gedächtnis behalten, überlegte ich mir. Sie war phantastisch lebendig und unheimlich tot zugleich. Ich hatte aus meinen verschiedenen Beweggründen den Wunsch, sie von den Toten zu erwecken.

Orra: Dieselbe Welt, eine andere Zeitebene

Eines Nachmittags lief es gut für uns. Wir machten einen Spaziergang, die Luft war erfüllt von Geräuschen, in uns war diese verwunderte und höfliche Freude, die wir manchmal einfach darüber empfanden, daß wir zusammen waren. Orra paßte ihren Gang hin und wieder meinem an; die meiste Zeit über paßte ich meinen ihrem an. Wenn wir einander ansahen, erhoben sich kleine, weiche Gefühlswölkchen, wie Spielzeugexplosionen oder Spatzen, die ein Staubbad nehmen. Ihre gewollte Sanftheit, ihre innere Ernstheit oder Ernsthaftigkeit, ihre Stärke, ihre Schönheit, die nun, in ihrer Angst, sie könnte mich jetzt schon verlieren, gedämpft und vorsichtig war, verlieh dem Vergnügen, mit ihr zusammenzusein, etwas Edles, Kontrapunktisches und Schwieriges, und zwar insofern, als man seiner würdig sein und es verstehen und vor meiner Unbeholfenheit und ihrer Falschheit, so wohlmeinend diese Falschheit auch sein mochte, beschützen mußte; andernfalls führte dieser Tag lediglich zur Ausnutzung einer starken Frau, die das früher oder später durchschauen und Rache nehmen würde. Aber es lief gut; und eingehüllt in diese sorgfältige und sorglose Lauterkeit gingen wir nach Hause; wir fickten; ich kam – um meine Erregung aus dem Weg zu schaffen; sie wußte nicht, daß ich das tat; sie war enorm höflich; angespannt; und sehr bewundernd. »Wie schön du bist«, sagte sie. Es standen Tränen in ihren Augen. Ich hatte kühl und ohne viel Mätzchen gefickt, damit uns ein großes Reservoir sexueller Unruhe blieb, das Summen der unmittelbaren körperlichen Unruhe in mir dagegen zum Schweigen gebracht wurde: Ich begehrte sie noch immer; ich begehrte Orra dauernd; und mein Orgasmus war lasch gewesen; aber mein Körper drängte sich nicht in den Vordergrund, war mehr wie ein Handschuh für meinen Verstand, für meinen Willen, für meine Liebe zu ihr, für meinen Wunsch, sie solle mehr fühlen.

Sie war, wie gesagt, den Tränen nahe und zärtlich, und nachdem ich gekommen war, hielt sie mich in ihren Armen, und ich sagte so etwas wie: »Entspann dich nicht. Ich will noch mal kommen«, und sie stieß einen Laut aus, der halb Lachen, halb Seufzen war, und war geschmeichelt und sagte: »Noch mal? Das ist nett.« Zwischen uns bestand eine phantastische Nähe, fast wie die zwischen einem Mann und seiner Sekretärin – ich war frei und mächtig, und sie war mir ergeben; die Wahrscheinlichkeit, daß Orra jemals eine Sekretärin sein würde, war gering – man hatte ihr bereits Positionen als leitende Angestellte angeboten, sie brauchte nur noch ihren Abschluß zu machen –, aber Orra fand es romantisch, so zu tun, als sei sie eine Sekretärin, die kein eigenes Leben hatte. Ich spürte eine gewisse Spannung, wie vor einem Tennisspiel, das ich gewinnen wollte, oder wie in dem Augenblick, bevor ich in einem Laden etwas direkt von der Theke klaute: Es war einerseits eine zerrende Verzagtheit, eine Angst und Stille, und andererseits ein erhebendes Gefühl, eine Vorbereitung, eine gewollte und dann nicht gewollte, in sich geschlossene Zielgerichtetheit; es war eine klare Sache; es würde geschehen.

Nach etwa zehn Minuten, es können auch zwanzig gewesen sein, bewegte ich mich in ihr. Ich sollte noch sagen, daß ich, während ich ausruhte, in ihr geblieben war (und sie mich dort gehalten hatte). Wie ich erwartet hatte – und mit Befriedigung und Stolz darüber, daß alles klappte, daß meine Talente einander ergänzten –, spürte ich, daß mein Schwanz hochkam, und zwar sofort, mit einer komischen Hurtigkeit, aber er war wund – Herrgott, war er wund. Er, das heißt die Spitze, tat höllisch weh, und es war ein trokkener, brennender, rötlicher Schmerz.

Der Schmerz machte mich vorsichtig und bewahrte mich davor, in Erregung zu geraten, es sei denn auf eine abstrakte Art; mein Kopf war klar; ich lächelte vor mich hin, als ich anfing, und bewegte mich ganz langsam, bewegte mich kaum, ich war wund vom Zustoßen in ihr, ich schlenderte, bummelte dahin, erkundete tastend das Terrain da drinnen, ich gliederte den Raum in ihr, wie um ihre inneren, geschmeidig weichen Schatten zu ordnen; oder wie wenn man im Dunkeln den Arm ausstreckt und so lange über die Wölbung einer Bettdecke streicht, bis sie einem vertraut ist; oder wie man sich im Halbschlaf, mit geschlossenen Augen, zu orientieren sucht. Und wirklich schloß ich die Augen und lauschte sorgfältig ihren Atemzügen, konzentrierte mich auf sie, versuchte aber zugleich, Orra nicht merken zu lassen, daß ich das tat, denn das hätte sie befangen gemacht.

Ihre Reaktion war so minimal, daß ich daran zweifelte, ob Ficken dazu geeignet war, sie in Schwung zu bringen, und zu dem Schluß kam, es sei besser, mich mit der Zunge über sie herzumachen; ich zog meinen Schwanz raus, was nicht besonders schlau war, aber meine Gedanken folgten nicht so logisch aufeinander; bei anderen Gelegenheiten hatte sie mir gesagt, sie möge »dieses exotische Zeug«

nicht, es mache sie nicht an, aber ich hatte immer angenommen, das liege daran, daß sie sich schämte, weil sie nicht kam, und deshalb sei es für sie so problematisch, sich lecken zu lassen.

Ich machte mich ans Werk; sie protestierte; ich achtete nicht weiter auf ihre Einwände und tat es trotzdem; ich war angespannt vor Erregung, vor unterdrückter Belustigung über all diese Lügen und Spannungen. Ich sagte ihr, daß ich sie zu meinem eigenen Vergnügen lecken wolle; ich war so angespannt, daß es mich durchfuhr, als ich sie mit der Zunge berührte, aber das zeigte ich ihr nicht. Es kam mir so vor, als wären ihre sexuelle Unerfülltheit und Bereitschaft in ihrer Haut zu spüren – Lippen und Zunge trugen mir die Strömungen einer zerklüfteten Unerfülltheit und Bereitschaft zu; Echos ihrer Verspanntheit und Unzufriedenheit hallten in meinem Mund, meinem Kopf, meinen Füßen wider; mein ganzer müder Körper war ein Stethoskop. Ich war zu einem Stethoskop geworden; ich lauschte ihr mit meinen *Knochen*; das schwache Glimmen ihrer Erregung wanderte bis in mein *Rückgrat*; ich spürte ihre knirschende sexuelle Gehemmtheit, die wie ein kaputter Anlasser in ihr mahlte, in meinem *Magen*, in meinen *Knien*. Alles in mir lauschte auf sie; auf jedes verdammte Muskelzucken, das ich registrierte oder das sie hätte spüren sollen, weil ich ja schließlich an ihrer Klitoris leckte, das sie aber nicht spürte, auf jedes Anzeichen von Erregung oder Nicht-Erregung; ich lauschte so angestrengt, daß es ein Wunder war, daß sie nicht vor lauter Befangenheit aus dem Bett sprang; aber vermutlich merkte sie nicht, was ich tat, denn sie konnte mich nicht sehen, ich war unten, in den Schatten, im Keller ihres Blickfelds, im Keller, bei ihren sexuellen Gefühlen, die dort verstreut herumlagen.

Als sie sagte: »Nein... Nein, Wiley... Bitte nicht. Nein...«, und sich wand, obwohl das nicht das übliche gezierte Gehabe war, mit dem einem manche Mädchen kamen – ihr Widerstreben war echt, sie wollte wirklich, daß ich es bleiben ließ –, hörte ich gar nicht hin, denn ich spürte, daß sie auf meine Zunge besser ansprach als eben noch auf das Ficken. Ich spürte, wie in ihr Perlen glitten und flüsterten und klickend aufgefädelt wurden; die Unordnung, die verstreuten oder versprengten sexuellen Teilchen wurden, jedenfalls in ganz geringem Umfang, geordnet. Sie erschauerte. Vor Widerwillen. Sie erzeugte unberechenbare Resonanzen, denen sie aber zugleich unterworfen war. Und sie stieß eigenartige kleine Schreie aus, hauptsächlich Protestschreie, leise Ausrufe, die geheimnisvollerweise Proteste waren, obwohl sie auch wieder keine Proteste waren – Schreie, die irgendwie den Verdacht nahelegten, daß sich die Gründe für ihren Widerwillen ständig veränderten.

Ich versuchte, ein paar von diesen Schreien aneinanderzureihen, sie in immer schnellerer Folge ertönen zu lassen. Es war ein eigenartiger Versuch; es hatte den Anschein, als bewegten wir uns, als bewegte ich mich mit ihr auf dunklem Wasser, zwischen zwei Reihen von Bojen – auf der einen Seite war es finster, dort war ein Nichts, und auf der anderen waren Lichter, rote und grüne, die Lichter des Körpers, der sich der sexuellen Erhitzung näherte, oder jedenfalls die Anzeichen dafür: Brustwarzen wie erhitzte Kieselsteine, leicht zuckende Beine, leise *Ohs* – eine körperliche Sache; man macht weiter: man kommt voran.

Wenn wir zu weit vom Weg abkamen, tauchten wir ins

Nichts; es blieb nur ein entferntes Flackern, nur ein ganz schwach erkennbarer Orientierungspunkt. Manchmal waren wir umgeben von den Lichtern ihrer Reaktionen, die weit auseinanderlagen und wild auf irgendeiner Finsternis auf und ab hüpften, auf einer Unwissenheit über die Reaktionen ihres Körpers, deren Opfer wir beide, Orra und ich, waren. Sie reagierte auf das, was ich mit ihrem Körper tat, und auf die Atmosphäre, in der ich es tat, auf meine Autorität, auf mein Argument, dies sei für sie etwas Sexuelles, und auf die Art, wie ich sie berührte und mich auf sie und dieses teilweise traumgesättigte dunkle Wasser- oder Unterwasserding konzentrierte; sie ruhte sich darauf aus, sie warf sich schwer darauf hin und her. Alles, was ich tat, war Sprache; es waren Hieroglyphen, Bilder, die ich auf ihre Nervenenden projizierte; es war das, wofür männliche Autorität da ist, es war die Qualität, von der Mut und bestimmtes Auftreten und starke Muskeln angeblich vermuten lassen, daß ein Mann sie mit ins Bett bringt. Oder hervorragendes Tanzen oder Musikalität oder melancholische Klugheit. Ich leckte sie, ich hielt ihren Bauch, ich streichelte ihren Bauch mit ziemlich planlosen Bewegungen: Manchmal legte ich bloß die Finger aneinander und spreizte sie wieder, um ihr zu zeigen, wieviel Spaß mir das machte, wie befriedigend ich das fand; ich berührte nicht ihre Brüste, ich tat nichts, das so intensiv war, daß sie hätte argwöhnen können, ich sei darauf aus, sie kommen zu lassen – ich tat das alles, aber es schien, als ließe ich sie in Ruhe und sei mit meiner Lust allein. Sie fühlte sich unbeobachtet in ihren Empfindungen, sie erfuhr sie, ohne für sie verantwortlich zu sein, sie griff nach ihnen wie nach etwas Rundem und Schlüpfrigem, das im Wasser herumschwimmt, und sie rutschte ab und keuchte gelegentlich über den Verlust ihres inneren Gleichgewichts und auch über den Verlust ihrer Selbstbeherrschung.

Ich stupste mit der Zunge fast beiläufig ihre kleine Nudel an, dann noch einmal, doppelt so beiläufig, dann drei-, vier- oder fünfmal hintereinander, dann rieb ich sie oder ließ sie immer gewissenhafter zwischen Lippe und Zunge hin- und hergleiten, bis mein Kopf, mein Denken und Empfinden, meine Lippen und meine Zunge im Dunkel eines sich steigernden und konzentrierten Rhythmus begraben waren, so wie ein bekiffter Tänzer sich von der Bewegung packen und herumwirbeln läßt und sich ihr ganz hingibt, bis sie zu einer Reise wird und nicht mehr eine Ansammlung von Wiederholungen ist.

Dann fing ein lästiges, fadenähnliches Ding, eine Sehne an der Zungenwurzel, an zu schmerzen, und ich brach diese Bewegung ab und leckte sie verträumt oder spielte, wenn das für die Zunge zu unbequem war, mit ihrer Klitoris herum und saugte mit gespitzten Lippen an ihr, bis auch die Muskeln, die meine Lippen gespitzt hielten, ermüdeten; und ich begann wieder von vorn und stupste ihre winzige Klitoris mit der Zunge an und machte weiter wie zuvor, bis die Dunkelheit sich herabsenkte; sie spürte die Dunkelheit, die Ungestörtheit, die sie ihr bot, und sie schien wie jemand, der unbeobachtet in einem Flur steht und die Arme bewegt, und sie erlaubte ihren Gedanken, sie zu streicheln, und machte einen Schritt in diese Dunkelheit hinein.

Aber alles, was sie fühlte, war kurz und stockend; und wenn es schien, als hinge sie fest oder als wären ihre Empfindungen abgestorben oder zerrissen, vermittelte ich ihr durch mein Verhalten mit meiner ganzen Autorität, daß dies ein Teil dessen sei, was mir Lust brachte, und ließ es nicht als Anzeichen oder Vorgeschmack eines Fehlschlags stehen; ich stieß Lustseufzer, ja sogar kleine Lustschreie aus – und nicht alle davon waren unecht – und wühlte mich in ihre Wärme und liebkoste sie, um ihr zu zeigen, wie dankbar ich war. Ich streichelte sie dankbar; ich verwandelte Momente, die asexuell waren und in denen man hätte meinen können, die sexuelle Spannung sei erloschen, in sexuelle Lust.

Und sie konnte mir nicht widersprechen, denn sie dachte, daß ich auf meinen eigenen Orgasmus hinarbeitete, und sie liebte mich und wollte mir dabei helfen.

Was ich tat, erforderte Mut, denn dadurch gab ich ihr die gewaltige, die unumschränkte Macht, mich auszulachen, auch wenn unser Werben um einander bislang dazu gedient hatte zu zeigen, daß sie kein Feind war, daß sie die Hysterie der Angst oder der Eifersucht ebenso im Griff hatte wie die kalten Urteile, die sie innerlich über mich fällen könnte und die sie dazu verleiten könnten, Dinge zu sagen oder zu tun, die mich dazu bringen könnten, sie zu hassen oder zu fürchten; auf dem Spiel stand unter anderem, daß ich in meinen eigenen Augen wie ein Idiot dastünde – und ihr dann vorwürfe, daß sie nicht kam –, und daß sie dann nicht imstande wäre, der inneren Überzeugung zu widerstehen, daß ich tatsächlich ein Idiot war. Jeder Versuch macht einen verletzlich, aber etwas, das ihrer Lust dienen sollte, barg eine doppelte Möglichkeit der Verletzung, da nur sie beurteilen konnte, ob es auch wirklich ihrer Lust diente; ich war nur sicher, solange ich nicht offen, nicht empfänglich für sie war; aber wenn ich nicht offen und empfänglich für sie war, konnte ich nicht hoffen, ihr dabei zu helfen, daß sie kam; indem ich mich verletzbar machte, war ich in gewisser Weise ein Schlappschwanz, denn Orra war nicht bereit, nicht darauf vorbereitet, nicht in der Lage, Verantwortung dafür zu übernehmen, wie ich mich fühlte: Sie war eine Frau, die in Ruhe gelassen werden wollte; sie hatte ständig Angst vor den Übergriffen auf ihr Leben, die sich die Männer in ihrer Ich-Bezogenheit leisteten: In dem, was ich tat, lag ein gefährlicher Masochismus, eine gefährliche Hybris, ein gefährlicher Optimismus und eine Art von Liebe: Ich vergrub mich nackt in der Möse der Tigerin im Bett; die kleinste Schwäche ihres Egos oder ihrer Urteilskraft, und sie ginge auf *mich* los; und bei dem, was ich tat, war der Grat zwischen Liebe und Übergriff, Ausnutzung und idiotischer Angeberei sehr schmal. Ich konnte mir nicht einmal annähernd vorstellen, welche seelischen – oder auch körperlichen – Schmerzen sie erleiden würde, wenn ich versagte und mich obendrein wegen meines Versagens und ihrer und unserer Schmerzen auch noch emotional von ihr zurückzöge – oder auch bloß deshalb, weil mein Versagen mir so unerträglich wäre, daß ich nicht weiter mit ihr zusammensein könnte, es sei denn, sie richtete mein Ego wieder auf, und das konnte sie nicht – sie wußte gar nicht, wie sie das hätte machen sollen, und war wahrscheinlich zu gehemmt dazu.

Manchmal umfaßte ich mit meinen Fingern ihre Schenkel, und zwar nicht nur mit den Spitzen, sondern mit der ganzen Innenseite der Finger und mit den Handflächen, oder ich ertastete die Wölbung ihres Bauches, oder meine Finger streichelten ihre Lippen, die Schamlippen oder wie das heißt, oder drangen sogar ein bißchen in sie ein oder strichen mit den Nägeln oder den Fingerspitzen leicht über ihre Klitoris, allerdings immer innerhalb jenes fiktionalen Rahmens: daß dies meiner eigenen absoluten Lust diente, daß ich diese Art von Sex genoß und daß dabei keine Gefahr für uns beide lag. Ich meinte: Keine Zungen, keine Gehirne waren zur Stelle, um etwas Unschönes zu sagen. Herrje, wie nackt und bloß und edel ich mich fühlte. Es war eine große Anstrengung, die ich ihretwegen unternahm.

Vielleicht deutet das nur auf das Ausmaß meines Egoismus hin. Es machte mir nichts aus, mich weiblich zu machen, nur hatte ich das Gefühl, Orra würde nie verstehen, was ich da tat, sondern es der Kraft meiner oder unserer Sexualität zuschreiben. Es machte mir etwas aus, meiner und ihrer so bewußt zu sein; ich war von meiner eigenen, von jeder echten Sexualität abgeschnitten; eine minderwertige sexuelle Erfahrung, selbst wenn sie sich auf Liebe gründete, würde die Selbstverständlichkeit, mit der sich meine Männlichkeit bei ihr entfaltete, zumindest für eine Weile untergraben; und Orra würde das nicht verstehen. Vielleicht würde sie auf sexuellem Gebiet erheblich subtiler und trickreicher werden und wissen, wie sie mich behandeln mußte, aber das war unwahrscheinlich. Und wenn ich mich in jener problematischen Zukunft entschuldigte oder mich beklagte oder erklärte, warum ich im Bett mit ihr ein bißchen langsam oder widerwillig war, dann würde sie die Schuld darauf schieben, daß ich versucht hatte, ihr zu einem Orgasmus zu verhelfen, und sie würde darauf bestehen, daß ich nie mehr gelangweilt sein dürfe, so daß ich, wenn ich in dieser problematischen Zukunft wollte, daß sie käme, würde lügen müssen, indem ich sagte, ich empfände mehr Lust, als ich in Wirklichkeit empfand, und auch das würde meine Lust vermindern. Selbst die Möglichkeit, ehrlich zu sein, würde mir verwehrt sein. All dies ging mir durch den Kopf, während ich mich mit der Zunge über sie hermachte. Ich kleidete das nicht in Worte, sondern dachte es in jenen großen, nebligen Blöcken, in denen das verpackt ist, was man weiß oder fühlt. Ich machte weiter, trotz der inneren Müdigkeit, die ich spürte. Diese Außerachtlassung meiner selbst erfüllte mich mit einem eigenartigen Gefühl des Ausgehungertseins, einer Mischung aus Qual und Hilflosigkeit. Ich wollte mich nicht so fühlen. Plötzlich fragte ich mich, warum die Lichtgeschwindigkeit in der Relativitätstheorie als Konstante vorausgesetzt wird: war das ein weiterer jüdischer Absolutismus? Angesichts der Mannigfaltigkeit der Erfahrungen mußte die Lichtgeschwindigkeit in einem so wandelbaren und seltsamen Universum wie diesem doch gewiß variieren; es mußte einen Ort geben, an dem man sehen konnte, wie ein Lichtstrahl sich abmühte, in Bewegung zu kommen. Ich fühlte mich albern und egoistisch; es war nicht zu vermeiden, daß ich mich so fühlte – ich meine: *Ich* konnte es nicht vermeiden.

Wenn sie sich, als ich sie leckte, überhaupt bewegte, wenn in ihrem Schenkel ein Muskel zuckte, dann zuckte auch in meinem Schenkel ein Muskel: mein Körper imitierte ihren, als wollte ich ermessen, was sie fühlte, oder vielleicht geschah das auch nur, weil die Sympathie so groß war. Jeder von uns erlebte dieselben Dinge, allerdings in einem erstaunlich unterschiedlichen Zusammenhang: als stünden wir an zwei gegenüberliegenden Enden des Raums und streckten die Arme aus, um uns zu berühren und identische Botschaften zu empfangen, die dann, beim Eindringen in zwei so weit entfernte Gefühlswelten und so unterschiedliche und unvollständige Ekstasen, voneinander abwichen. Der Film, den wir uns ansahen, handelte davon, daß sie entdeckte, wie ihre sexuellen Reaktionen funktionierten: wir saßen weit voneinander entfernt. Meine Zunge glitt stoßend über die ausradierte Stelle an ihr, über ihre geschändete und bislang kaum vorhandene Fähigkeit zur Sexualität. Ich weckte sie mit Küssen, die weit von ihrem Gesicht entfernt waren. Ein seltsamer Strom floß langsam dahin, trug uns davon, Schilf verbarg die Ufer, Weiden umarmten sich und lösten sich wieder voneinander, stöhnten und flüsterten, verwirrten sich und schnalzten leise. Orra stöhnte, seufzte, erschauerte, erschauerte hart oder fließend; manchmal zuckte sie zusammen, wenn ich den Druck oder die Lage meiner Hände veränderte oder wenn ich kurz innehielt und dann fortfuhr. Es war interessant, wie ihr Körper zuckte und sich hin und her warf, aber es war nicht sehr ausgeprägt, und wenn es einem Muster folgte, so verstand ich es nicht. Mein Geist wurde müde. Die Erfindungsgabe, meine jedenfalls, hat Grenzen: Ich sah mich (idiotischerweise) als eine römische Trireme, meine Zunge war der Rammdorn, ein *bronzener*, der nach ihr stieß; sie war das Mittelmeer. Reihen von Sklaven – mein Gott, wie ohnmächtig sie waren – zogen an den Rudern, an diesen langen Stangen, die an der Wasseroberfläche metaphorisch und rhythmisch fließende Büschel kurzlebiger Lilien erblühen ließen. Das pompöse und überproportionierte Schiff, mein ganzer Körper, der sich über Orras kleinem Meer krümmte – nein, eigentlich nicht krümmte; ich lag flach auf dem Bauch, das Fußende des Bettes war an meiner Taille oder ungefähr da, meine Beine hingen hinaus, meine Füße stemmten sich irgendwo weit entfernt gegen den Fußboden, alles in mir konzentrierte sich auf die weiche, bebende, pelzige Köstlichkeit von Orras Möse –, dieses pompöse Schiff näherte sich leckend und hinterließ eine plitschende, gurgelnde Spur halbherziger Reaktion, und mein stockendes Wollen und Tun versank im dunklen Wasser der Passivität, der gefesselten Leidenschaft und der Unwissenheit dieser Frau.

Das weißliche Blubbern, das Platschen ihrer unregelmäßigen körperlichen Reaktion: diese Wellen, nein, diese Kielwelle hob sich, schäumte auswärts, warf Blasen und fiel in sich zusammen. Die weiße Haut einer Najade. In der gewaltigen, sich herabsenkenden Dunkelheit und Stille des Meeres. Es gab nur noch diese Kielwelle. Als der Rhythmus mich erfaßte (so daß ich aus meinem Bewußtsein verschwand, so daß ich aufgesaugt wurde, so daß ich ein Tintenfleck war, ein verborgener Tintenfisch, der Orra streichelte), ließ mich die Finsternis meiner Sinne in Dämmerung oder Nacht versinken; und mein Horchen auf ihre Lust, auf unsere Spur in jenem weglosen Ozean, gab mir das Gefühl, daß wir uns in einem erleuchteten, großen, unscharf umrissenen Oval aus Nachtluft und Meer und opalisierendem Nebel befanden, der sich dort, wo das Licht aus den Bullaugen eines riesigen Schiffes von den Nebeltröpfchen prismatisch gebrochen wurde, in einen Regenbogen auflöste – wie in einem Film aus den dreißiger Jahren, wie in einem Traum. Ich war oft außer Atem; ich sah Flecken, Farben, ozeanische Tiefen. Und ihre Proteste, ihre Zweifel! Ach Gott, ihre Zweifel! Ihr *Nein, Wiley, nicht,* und ihr *Ich mag das nicht,* und ihr *Nein, Wiley* und ihr *Wiley, ich kann nicht kommen – laß das – ich mag das nicht*. Die meiste Zeit hörte ich gar nicht hin. Manchmal brachte ich sie zum Schweigen, indem ich meine Wange auf ihren Bauch legte und meiner Hand zusah, die ihren Bauch streichelte, und mit vor Erregung tiefer Stimme sagte: »Mir gefällt das, Orra – ich tue das nur für mich.«

Und dann machte ich mich wieder mit schwungvoller, echter Lust über sie her, als errege und erfrische es mich, an meine eigene Lust zu denken, und es wartete noch mehr Lust auf mich, als sie – beruhigt oder gestärkt durch meinen putativen Egoismus, durch die Überzeugung, daß dies alles nur für mich geschah, daß von ihr nichts erwartet wurde – aufschrie. Eine Sekunde später *grunzte* sie. Ein Beben lief durch ihren ganzen Körper. Lieber Himmel, es war herrlich, wie sie auf mich reagierte. Es war, als hätte ich einen ganzen Kontinent – Asien, Südamerika – dazu gebracht, sich lustvoll zu winden. Ich fühlte mich gewaltig und unermüdlich.

In ihrer Erregung warf sie sich in die Luft, aber meine Hände lagen gerade auf ihrem Bauch; ich drückte sie aufs Bett, mein Mund klebte an ihrer Möse, und ich zwang diesen Teil von ihr, einigermaßen stillzuhalten, und leckte sie, während sie sich aufbäumte; und sie schrie; ich ließ meinen Mund, wo er war, als tränke ich aus ihr; ich machte weiter, bis ihr Oberkörper auf das Bett zurückfiel und hochfederte und das ganze Bett wackelte; dann schnellte mein Kopf zurück; aber mit den Händen hielt ich sie immer noch fest; ich drückte mich, meinen Kopf, wieder an diese Möse; und sie schrie mit tiefer Stimme: »*Wiley, was tust du da?*«

Ihre Stimme war tief, als wären ihre Impulse in diesem Augenblick maskuliner Natur gewesen – nicht aus einer Neurose heraus, sondern aus Hochherzigkeit, in einem Versuch, der Kränklichkeit, derer sie Frauen beschuldigte, entgegenzuwirken; sie wollte mir auf halbem Weg entgegenkommen, mit mir teilen; sie wollte meine Männlichkeit teilen: Sie fand Männer schön. Sie rief: »*Ich will nicht, daß du dich um mich bemühst! Ich will, daß du einen guten Fick hast*«!

Ihre Stimme war tief und verzweifelt – vielleicht war das die Verzweiflung, die mit dem Aufwallen der Sexualität einhergeht, aber vielleicht dachte sie auch, ich würde mich dafür an ihr rächen. Ich sagte: »Orra, ich mag das so, das macht mich sehr an.« Sie wehrte sich, kaum spürbar, einen unendlich kleinen Teil einer Sekunde lang, und dann begann ihr Körper zu beben; er zitterte, als wären in ihm die Saiten eines Musikinstrumentes verborgen, die man zum Schwingen gebracht hatte. Sie sagte – etwas dumm, aber so lieb: »Wie peinlich, Wiley, das ist mir so peinlich... Bitte hör auf... Nein... Nein... Nein... Oh... Oh... Oh... Ich bin sehr sinnlich, ich bin viel zu sinnlich, um einen Orgasmus zu haben, Wiley, bitte, hör auf... Oh... Oh... Oh...« Und dann durchlief sie ein stärkeres Beben; sie keuchte; es trat eine Stille ein; dann keuchte sie wieder; sie rief mit einer außergewöhnlichen Stimme: »ICH SPÜRE ETWAS!« Die Haare auf meinem Hinterkopf richteten sich auf; ich konnte nicht aufhören; ich beeilte mich weiterzumachen; ich hörte sie leise stöhnen. Was hatte sie vorher gespürt? Eilig leckte ich weiter. Wie unangenehm, wie unwirklich und lästig waren die Gefühle gewesen, die ich sie vorher hatte spüren lassen? Inwiefern waren sie jetzt anders? Ich fragte mich, ob sie ein plötzliches Strömen in ihren Nerven verspürte, eine warme Überzeugung, daß sexuelle Lust eine Realität ist. Sie hob und senkte sich wie ein Wal – nein, nicht so stark. Aber es war, als strömte ein halber Ozean von ihren jungen Flanken; irgendein Element der Finsternis floh aus dem Raum; irgendeine leichte Tönung körperlicher Erfülltheit legte sich über ihren Körper und den dünnen Schweißfilm; ich spürte, wie es mich durchpulste; sie trieb auf einem hellblauen, einem rosigen und blauen Meer; sie war dunkel und glänzend und riesig und naß. Und warm. Sie rief: »*Wiley, ich spüre so viel!*«

Mein Gott, war sie glücklich.

Ich sagte: »Warum auch nicht?« Ich wollte die Dramatik herausnehmen; ich hielt dieses Übermaß an Dramatik für falsch und glaubte, daß es sie zu sehr belasten würde. Aber ich wollte auch, daß sie sich mir unterwarf, ich wollte jetzt die Befehlsgewalt über ihren Körper, ich wollte sie dazu bringen, einen Orgasmus zu haben.

Aber ihre Erregung steigerte sich nicht mehr: Nach ein paar Sekunden wurde sie steif, fast wie ein Brett. Ich leckte sie so gut ich konnte, aber das Meer war ausgetrocknet; das Brett brach. Ich tat, als wäre ich sehr erregt; in Wirklichkeit war ich so damit beschäftigt, Sicherheit auszustrahlen, daß ich gar nicht wußte, was ich wirklich fühlte. Als sei ich viel jünger, als ich tatsächlich war, dachte ich: Mein lieber Mann, wenn das hier nicht hinhaut, bin ich am Arsch. Als sie, weil ihr Gefühl nachgelassen und sich die Empfindung, die ihr so angenehm gewesen war, verflüchtigt hatte, sagte: »Wiley, ich kann nicht... Das ist alles so blöd«, antwortete ich aus purer Angeberei und um das Risiko zu vergrößern und anstatt einfach so zu handeln, als sei ich meiner selbst sicher – und beim Sex ist alles, was unausgesprochen bleibt und statt dessen durch Gesten ausgedrückt wird, doppelt so wirkungsvoll –: »Halt den Mund, Orra, ich weiß, was ich tue.« Aber ich wußte es eben nicht.

Und für ein sexuelles Zwischenspiel gefiel mir auch der Ton nicht, es sei denn als Witz oder als Rollenspiel, denn Autorität in Reinform hat Unterwürfigkeit in Reinform zur Folge, und eine solche Unterwürfigkeit kann nur überleben, wer sklavisch, besitzergreifend, rachlüstern liebt. Die, die so lieben, können einem nichts anderes *geben* als Auflehnung und Unterwürfigkeit, Zickigkeit und Unterwürfigkeit; die Beziehung ist durch und durch verfault: Außerhalb des Bettes kriegt man von ihnen nichts, was von irgendwelchem Wert wäre; im Bett kriegt man eine zähneknirschende Unterwürfigkeit, denn eine Sklavin muß unablässig beaufsichtigt werden, sonst fängt sie an, es einem heimzuzahlen; ich würde sagen, das Vorbild für diese Versklavung ist die Kindheit. Wie auch immer, mir gefällt das nicht. Bei Orra aber spielte ich damit, es war ein Glücksspiel.

Alles war ein Glücksspiel. Ich wußte nicht, was ich tat; ich legte es mir zurecht, während ich es tat; und wieviel Zeit hatte ich da, mir etwas zurechtzulegen? Ich war angespannt wie beim Poker oder beim Roulette, verschwitzt und ein bißchen benebelt, ich machte Einsätze – mit meiner Zunge – und wartete, wie das Rad entscheiden würde, ich riskierte mein Geld, obwohl mich niemand dazu zwang, und hoffte, daß es gut laufen würde und ich, wenn das hier vorbei war, nicht als einer dastehen würde, der ein Idiot gewesen ist.

Außerdem überfielen mich jetzt plötzliche, flüchtige Zuckungen der Lust, im Anklang an ihre stärkeren, aber weiter verstreuten Impulse, eine Art unmittelbarer und automatischer Erregung – innerlich stellte ich mich der Erregung in ihr und konnte nicht anders, konnte sie nicht zurückhalten und den Enttäuschungen ausweichen, der körperlichen Ungeduld, der Ungeduld meiner Haut und meines Schwanzes, der Ungeduld des gewaltigen Verlangens, das die Liebe unmißverständlich begleitet, einer primitiven Sehnsucht nach dem, was ihr als Glück erschien, nach einer Nähe zu ihr als jemandem, den ich erforscht hatte und immer noch erforschte und in dem ich einen immer größeren Schatz entdeckt hatte – der Schatz bestand darin, daß sie mich schätzte, in einer tiefen und zweifellos begrenzten Freizügigkeit, die sie mir gewährte (die im Sexuellen allerdings unbegrenzt schien), in einem Risiko, das sie einging, einer Einwilligung, die sie mir gab, als wäre sie einverstanden, wenn ich sie verletzte und gemein zu ihr wäre.

Was mich weitermachen ließ, war zum Teil Hartnäckigkeit, denn ich hatte mir, bevor wir angefangen hatten, in den Kopf gesetzt, daß ich nicht aufgeben würde; zum Teil war es aber auch ein Gefühl, das sie in mir weckte, ein Gefühl, das, um ehrlich zu sein, aus Zärtlichkeit und Anteilnahme und einer Art bloßer Zuneigung bestand, einer Brüderlichkeit, als wäre sie mein Bruder und gar nicht so anders als ich.

Eigentlich wurde das, während wir weitermachten, durch das zunehmende Verschwinden einer bestimmten Art von Raffinement – eines weltlichen Raffinements – ausgelöst, indes in mir gleichzeitig eine andere Art von Raffinement, ein kindliches Raffinement, eine Unschuld wuchs: Orra klammerte sich beglückt an mich und sagte oder vielmehr rief voller Bewunderung und Dankbarkeit mit halb gebrochener, halb erstaunter Stimme: »Wiley, so etwas hab ich noch nie gefühlt!«

Wissen Sie, wie es ist, der erste zu sein, der solche Gefühle auslöst? Es ist, als wäre man ein Sammler, der etwas sehr Wertvolles entdeckt hat, und zwar an einem Ort, wo es versteckt gewesen ist und wo man es nicht vermutet hätte, oder als würde man mit einer Ehrung ausgezeichnet; dieser Teilerfolg, diese Ermutigung ließen jenen Stolz, jene innere Unschuld wachsen.

Natürlich verringerte das für diesmal das Risiko; auch wenn ich jetzt versagte, konnte ich sagen: *Es hat sich gelohnt,* und sie würde mir zustimmen; auf etwas längere Sicht aber vergrößerte es das Risiko, denn eines Tages würde ich mir vielleicht wie ein dreifacher Idiot vorkommen. Außerdem bedeutete es, daß unser Sex vielleicht noch monatelang so aussehen konnte – ich würde impotent werden, wenn auch vielleicht nicht in bezug auf meine Erektion, aber jedenfalls würde ich mich nicht darauf freuen, mit ihr ins Bett zu gehen –, und dennoch fand ich es in gewisser Weise auch schön und erregend. Ich wußte wirklich nicht, was ich dachte: Was es auch war, es war Teil des Sex.

Ich machte weiter; ich wollte jetzt alles. Und dann rief Orra: »*Da*! Es ist DA!« Ich hielt inne, denn ich dachte, sie meinte einen bestimmten Punkt, eine bestimmte Bewegung, die ich gerade mit meiner erschöpften Zunge und meinem Unterkiefer gemacht hatte; ich hob den Kopf – ich konnte nichts sagen: Irgendwie war der Druck der Erregung so groß, daß ich kein Wort herausbrachte; wie auch immer, ich brauchte gar nichts zu sagen; sie hatte, in einer Art offenkundiger Zwillingsschaft, ebenfalls den Kopf gehoben und blickte mich an ihrem ausgestreckten Körper hinab an; ihr Gesicht war schief und jungenhaft – alle Gesichtszüge hatten Falten; sie sah wütend und doch naiv und arglos aus; wütend, naiv sagte sie: »*Wiley, es ist da!*«

Aber noch bevor sie diesmal etwas sagte, wußte ich, daß sie meinte, es sei in ihr; der Fuchs war wieder aus seinem Versteck aufgescheucht worden; sie hatte ihn gesehen, hatte gespürt, daß er wieder in ihr rannte. Sie hatte sich überzeugen lassen, daß er für immer in ihr bleiben würde.

Ich begann sie sanft mit der Hand zu streicheln; und in meiner Erregung und weil ich dachte, sie sei bereit, schob ich mich wieder hoch und deckte sie mit meinem Körper zu, und während ich weiter mit ihr spielte, führte ich mein anderes Selbst, mein unteres Bewußtsein, in sie ein. Herrgott, war sie warm und ruhelos; es war heiß da drinnen und weich, irrwitzig weich, und cremig und voller Bewegung. Aber ich wußte gleich, daß ich einen Fehler gemacht hatte. Ich hätte sie weiter lecken sollen; sie hatte keine regelmäßigen Kontraktionen; sie war gierig auf meinen Schwanz, sie bog sich ihm entgegen, umschloß ihn, aber auf eine steife, dumpfe, entrückte Weise; und ihre Zuckungen spielten auf ihm, durchdrangen ihn, drangen durch seine Haut und in mich ein; und sie waren unkontrolliert und nicht erregend, sondern leer: Sie wußte nicht, was sie tun sollte, wie sie sich ficken lassen und kommen sollte. Ich konnte meinen Schwanz nicht rausziehen, ich wollte, ich konnte meinen Schwanz nicht rausziehen; aber wenn es keine Kontraktionen gab, auf die ich reagieren konnte, wie zum Teufel sollte ich dann den richtigen Rhythmus für sie finden? Ich fing langsam an, mit einer, wie mir schien, unendlichen Schlüpfrigkeit, mit einer gewaltigen Unanständigkeit, einer wirklich erwachsenen Art zu ficken – nur für den Fall, daß sie soweit mitkam –, und sie stieß einen abgrundtiefen, bebenden, endlos langen Seufzer aus und rief meinen Namen und sagte dann mit schluchzender, erschöpfter Stimme: »Es ist weg... Oh, Wiley, es ist weg... Laß uns aufhören...« Mein Gesicht war über ihrem; ihr Gesicht war naß von Tränen; warum weinte sie? Sie hatte ihre Meinung geändert; jetzt wollte sie kommen: sie warf den Kopf hin und her; sie sagte: »Ich tauge nichts... Ich tauge einfach nichts... Mach dir um mich keine Gedanken... Hauptsache, du kommst...«

Ganz gleich, was ich murmelte – »Psst« und »Sei nicht albern« und flüsternd: »Orra, ich liebe dich« –, sie hörte nicht auf, diese Sachen zu sagen, bis ich sie schließlich leicht ins Gesicht schlug und sagte: »*Halt den Mund, Orra.*«

Da war sie wieder still.

Der springende Punkt war offenbar, daß sie arhythmisch war: jedenfalls dachte ich das; und das bedeutete, daß sie keine regelmäßigen Kontraktionen haben würde; es würde keinen Rhythmus geben, dem ich mich hingeben konnte; und jeden Rhythmus, den ich vorgab, durchbrach sie mit ihren Bewegungen, so daß sie, wenn sie sich bewegte, ihre Erregung vertrieb. Am besten wäre es gewesen, wenn sie nur ganz kleine Bewegungen gemacht hätte, aber ich wollte ihr das nicht sagen oder gar versuchen, ihre Hüften festzuhalten und zu führen und ihr auf diese Art etwas zu zeigen, und zwar aus Angst, daß sie dann befangen werden und den Schwung, den sie hatte, verlieren würde. Und außerdem schämte ich mich, daß ich aufgehört hatte, sie zu lecken. Um das, was ich getan hatte, wiedergutzumachen, experimentierte ich verbissen und verschwitzt damit, auf verschiedene Arten zu ficken, und stellte mir vor, wir wären in Mexiko, an einem warmen Ort mit satten Farben, wo wir leicht und schmutzig und lebhaft vögeln konnten. Diese Vorstellung hielt mich bei der Stange. Das heißt, sie erhielt mir meine Erektion. Ich spiegelte ihr eine Atmosphäre sexueller Lust vor – ich meine: die Atmosphäre meiner sexuellen Lust –, damit sie sich darauf ausruhen, damit sie sich darauf verlassen konnte. Ich entdeckte, daß nicht besonders langsame Eins-eins-eins-Stöße oder Fick-fick-fick-Orra-jetzt-jetzt-jetzt-Sachen sie mächtig anmachten; sie wurde hitziger; und sie schaffte es, mit mir in einen Eins-zwei-eins-zwei-eins-zwei-Rhythmus einzusteigen, wobei ihre Erregung zunahm; aber wenn sie oder ich dann versuchte, einen Schritt weiter in einen Eins-zwei-drei-Rhythmus zu machen, war sie wieder draußen. Das war zu kompliziert für sie, mein Liebchen, meine weißhäutige Amerikanerin. Aber ihre Gefühle waren, wenn sie da waren, sehr stark; sie kamen in Stößen, wie gewaltige Hitzewellen aus einem Brennofen, dessen Tür achtlos auf- und zuschwingt, und sie erregten und lockten uns beide. Diese Erregung und das Pick-pick-pick drangen schließlich zu ihr durch; sie begann, ganz und gar und dauerhaft erregt zu sein. Der Vergleich zwischen sexueller und religiöser Erregung ist fast ein Gemeinplatz; also: Nach einer Weile kam religiöse Erregung über sie; sie sprach in Zungen, sie legte Zeugnis ab. Sie zitterte am ganzen Körper; sie war zeitweise und sporadisch errettet, soll heißen: Die Erregung entglitt ihr immer wieder. Aber sie kam wieder. Orras Hände flatterten, ihr Gesicht war erst bleich, dann rot und dann sehr, sehr rot; sie starrte ins Nichts und rief meinen Namen. Ich stieß eins-eins-eins, dann eins-zwei, eins-zwei und dann wieder eins-eins-eins; wie zuvor. In der gewaltigen Lust, die ich trotz all dieser Mühe spürte, konnte ich sehen, warum eine Frau stolz auf das war, was sie empfand, und warum ein Mann so weit gehen könnte, sie umzubringen, um diese Zeichen der Lust in ihr zu stimulieren (auch wenn er wahrscheinlich nicht wüßte, daß dies der Grund wäre, warum er es täte). Die Orra, die ich kannte, war verschwunden; sie sagte: »Gottogottogott«; es war eine Zeit für Sünde und Erlösung und Heiligkeit und Visionen. Ihr pulsierendes Erbeben war sehr unmittelbar und leicht zu verstehen, aber ohne jedes Muster; es gab keine regelmäßigen Sequenzen; dennoch erregte es mich, vielleicht um so mehr, weil es mitleiderregend war, daß sie es nicht steuern konnte, und weil es schien, als stammte es von den Schlägen eines inneren Feindes, den sie nicht einmal halbwegs zu zähmen oder sich gewogen zu machen vermochte und mit dem sie nicht sprechen konnte. Von allen Frauen, mit denen ich ins Bett gegangen bin, war sie diejenige, die sich am wenigsten unter Kontrolle hatte. Manchmal stieß sie zu wie eine Frau, die ihre Sexualität parat hat und sich letztlich gut damit auskennt, und dann fing ich an, mit riesiger Vorfreude und Stolz und Erleichterung darauf einzusteigen; aber nach zwei – oder vier oder sechs – Stößen war sie dann zu erregt und zitterte und stieß linkisch und ohne Rhythmus, und die Bewegung brach in sich zusammen; oder sie zuckte plötzlich ohne jede Vorwarnung mitten in der Bewegung zusammen und warf sich mit so großer und sinnloser Gewalt herum, daß sie das Gefühl für die Sache verlor; und dann fing sie an zu weinen. Sie flüsterte unter Tränen: »Jetzt ist es weg«, also sagte ich: »Nein, ist es nicht«, und dann begann ich wieder von vorn, eins-eins-eins; und natürlich kehrte die Erregung zurück; manchmal kehrte sie sofort zurück; aber Orra bekam immer mehr Angst vor sich selbst, bekam Angst, ihren Unterleib zu bewegen; sie versuchte, stillzuhalten und die Erregung einfach nur zu *empfangen*; sie ließ sie sich in ihr sammeln, aber auch dann begann sie immer stärker zu zittern; sie schwappte über in krampfartige und eigenartig traurige, zu große Bewegungen, und sie wimmerte, weil sie, wie ich annehme, wußte, daß diese Bewegungen ihr den Schwung nahmen; immer wieder rannen ihr Tränen über die Wangen; sie sagte mit einer nicht wirklich heiseren, eher mit einer zarten, nur beinahe heiseren Flüsterstimme: »Ich will ja gar nicht kommen, Wiley – nimm keine Rücksicht auf mich. Hauptsache, du wirst fertig.«

Mein Kopf hatte ziemlich abgeschaltet; er war erschöpft; und ich sah keine Möglichkeit, wie wir diese Sache zum Erfolg führen könnten; sie sagte: »Ist schon gut, Wiley, ist schon gut – macht nichts – ich will gar nicht kommen.«

Ich fragte mich, ob ich etwas sagen oder versuchen sollte, irgendeine Phantasie in ihr zu wecken, aber ich wollte nicht das Risiko eingehen, etwas zu sagen, das sie unangenehm fände oder hinter dem sie einen Tadel oder eine Andeutung, sie könne ruhig etwas sexier sein, vermutete. Ich dachte, wenn ich einfach weitermachte mit meinem Pick-pick-pick, würde sie früher oder später schon darauf kommen, wie sie sich von ihren Gefühlen tragen lassen konnte, wie sie sie veranlassen konnte, sich aufzuschwingen, hinabzuschießen und zuzuschlagen. Ich hielt sie fest, aus Mitgefühl und Zuneigung, und vielleicht auch aus Angst und Bewunderung: sie war so unhysterisch; sie hatte mich nicht angeschrien oder irgend etwas zerbrochen; sie hatte mich nicht herumkommandiert: sie lag einfach zitternd und allein inmitten eines neuralen Sturms, der in ihr tobte und den zu beherrschen ihr das Talent zu fehlen schien. Ich sagte: »Mach dir keine Gedanken, Orra – mir sind lange Ficks sowieso lieber«, machte weiter – pick-pick-pick und wechselte dann über zu pick-pock, pick-pock, pick-pock... Der Rücken tat mir weh, in den Beinen hatte ich bald keine Kraft mehr; wenn Schweiß Sperma gewesen wäre, hätten wir ausgesehen wie schmelzende Schneefelder.

Orra machte Geräusche, immer schneller und immer lauter; dann ließen die Geräusche nach. Dann kam ich nach und nach, mit immer kürzeren Stößen, schließlich unbeholfen und ohne bewußte Kontrolle, zur Ruhe – ich richtete mich lediglich in diesem neuen Denkansatz ein – und fickte langsamer. Mein Schwanz steckte tief in ihr; ich regte mich kaum; die Dramatik der sexuellen Bewegung erstarb, der Vorhang schwang aus; auf der Bühne war nur noch Empfindung.

Ich stolperte gegen die Steinblöcke und versteckten Haken, die mich zwickend und schubsend in die faulige Weichheit, die eigenartige, glühende, zerbrechliche Härte des Orgasmus trieben, in die Empfindungen, die den Orgasmus ankündigen.

Ich keuchte und drehte ihn halb hinein, ich stieß und schob, und dann zog ich ihn verschwitzt wieder zurück – ich war ein halber Experte, ich war zielgerichtet, zielstrebig. Sex kann eine Wildnis sein, die einen zum Sklaven macht: Die Geister dieser Örtlichkeit schwingen sich zu Herren auf. Schmerzhafte Empfindungen setzten mir zu; mein Schwanz war eben noch ein bißchen schlaffer gewesen, aber jetzt schwoll er zu einer an der Spitze wunden, aber kraftvollen Härte an; Orra erschauerte und hielt mich hilfsbereit in sich fest; ich begann sie zu vergessen.

Ich dachte, sie brächte sich mit diesem langsamen Fick zum Kommen, mit diesem Schwanz, der, wenn er so wie jetzt in ihr steckte und ich ihn kaum bewegte, ihr ebenso zu gehören schien wie mir; er schien auch *in mir* zu stekken: Es fühlte sich an, als glitten wir beide an ihm auf und ab. Das war das Gefühl, aber es kam der Augenblick, da ich mir ihrer, des Fleisches, des Blutes, der Knochen in meinen Armen und unter mir plötzlich wieder bewußt wurde. Ich hatte das Gefühl, daß wir uns knirschend aneinander rieben. Zunächst merkte ich gar nicht, daß das unangenehm war. Ich weiß nicht, wie lange das so ging, aber dann spürte ich, daß das ein Rückzug von ihr war, ein Rückzug, den sie gemacht hatte, ein geduldiger und beherrschter Horror in ihr und eine Ungeduld in mir: wir standen vor einem sexuellen Scherbenhaufen.

Mit einemmal füllte sich mein Herz – es füllte sich, und dann lief alles Gefühl heraus: es lief aus.

Ich fuhr fort, mich langsam, stumpf in ihr zu bewegen, mit einem armseligen Tumult aus ausdruckslosem Erschauern und Verschiebungen des Unterleibs und Bewegungen, die halb Stoßen, halb Zucken waren; wir hielten uns immer noch schweigend in den Armen, ohne daß die Intensität, mit der wir uns umarmten, nachließ; unsere Bewegungen, dieses Auf-der-Stelle-Hüpfen, dieses knirschende Reiben, gingen weiter; keiner von uns wehrte sich in irgendeiner Weise dagegen. Schlechter Sex kann manchmal vehementer und mitreißender sein als guter Sex. Sie gab schluchzende Laute von sich – und hielt mich umarmt. Nach einer Weile schien Sex ganz normal und vertraut und unromantisch zu sein. Ich fing wieder an, pick-pick-pick zu machen. Ihre Hüften stießen ein halbes dutzendmal hoch, bevor ich wieder auf den Gedanken kam, daß es ihr vielleicht gefiel, zuzustoßen wie ein Mann, daß sie zustoßen wollte; und dann kam ich auf den Gedanken, daß sie wollte, daß ich zustieß.

Ich hob meinen Hintern ein bißchen und schob mich tastend vor, oder vielmehr: Ich schob meinen Schwanz gebieterisch, aber nicht sehr weit hinein – es war eher eine Erkundung; Orra seufzte, vor Erleichterung, schien mir, und stieß ermunternd zu – zu spät, denn ich zog schon wieder zurück. Als ich mit einem zweiten Stoß eindrang, mit einem etwas offensichtlicheren, einem amüsierteren, jungenhaften Stoß – ich war wie ein Junge, der beim Baseball einen ziemlich schnellen Ball in Richtung des Fängers an der First Base wirft -, zuckte sie so gierig wie eine Wölfin und verschlang die extravagante Kraft dieser Geste, dieses Stoßes; mit einem seltsamen Schauer der Lust, der Verantwortungslosigkeit, der Jungenhaftigkeit, wurde mir plötzlich bewußt, wie stark Orra war, wie gut sie gebaut und wie groß die Kraft, die Ausdauer ihres Körpers war; ein Ausdruck – ein absurder und gemeiner Ausdruck, den ich damals aber erregend fand – schoß mir durch den Kopf: *einen Fick hinlegen*. Ich ließ mich auf sie sinken, stützte mich mit Zehen und Knien, mit Ellbogen und Händen auf das Bett und schob *ihn – er* war ganz klar meiner, aber er gehörte Orra – halb kriechend mit einem leidenschaftlichen, gebogenen Stoß, der etwa ein Drittel so lang war wie ein ganzer, hinein; aber dieser Stoß war sanft und amateurhaft, das heißt: immer noch tastend; und Orra schrie; ja, wie sie schrie: Sie verkündete ihre Bereitschaft; beim nächstenmal grunzte sie: »Ohhhhjaahh...« – ein Laut, der anfangs klobig war und dann in Feinheit, in Sanftheit, in einer nachklingenden Sanftheit ausklang.

Mir schien, daß ich in Wirklichkeit schon immer so hatte ficken wollen, daß *ich* derjenige gewesen war, der sein ganzes Leben lang darauf gewartet hatte. Aber eigentlich entsprach diese Art von Vögeln nicht so ganz meinem Geschmack: Ich legte lieber einen Fick hin, der weniger ein echter Kraftakt war und eher Abstufungen von Kraftanwendung sowie Anspielungen darauf beinhaltete als ihre tatsächliche Anwendung, mehr unmittelbaren Kontakt zwischen den beiden Lüsten und mehr Eingeständnisse von Niederlage und Triumph; meine Lust lag darin, die Lust der Frau zu reflektieren und ihren Geist in mich aufzunehmen; vielleicht war ich auch im Irrtum, wenn ich das dachte, aber es schien schändlich und automatisch, naiv und tierhaft, meinen Schwanz einfach so in sie hineinzustecken.

Sie nahm meinen Stoß in sich auf, sie wand sich ein bißchen, sie zitterte am ganzen Körper: es zuckte in ihr, in dem Aufruhr, der das phallische Eindringen in ihr begleitete. Nach zwei Stößen ließ sie los und wurde schlaff, nahm dann wieder ihre Kraft zusammen und machte sich bereit, bog sich ein Stück vom Bett hoch, zielte mit dem abgeflachten, mysteriöserweise trichterförmigen Behälter in ihrem Unterleib auf mich, zu hoch, so daß ich sie mit den Händen an ihrem Hintern oder auf ihren Hüften nach unten drükken mußte; und wenn ich mit halbgeschlossenen Lidern ihr Gesicht betrachtete, war es phantastisch schön anzusehen: entschlossen, konzentriert, in Anspruch genommen, gequält; ihr Körper war stark, war aus Stein, aus glattem Stein und Papiertüten mit nassem Satin und sich schlängelnden, dünnen und lebendigen Netzen aus lebenden, miteinander verwobenen Schlangen, die über den Stein geworfen worden waren; sie streckte mir die große Steinkonstruktion mit der durchschlängelten Haut entgegen, dieses knochige Wunderwerk, diese von Knochen gebildete flache Schüssel mit ihrem versteckten, klebrig-glatten Eingang, *den Ort, an dem ich war* – er war nicht weiter definiert, es sei denn durch dies: es war *der Ort, an dem ich war*; sie nahm jeden Stoß in sich auf, entgegnete ihn und erschauerte und ließ los und kam wieder hoch: sie schien sich darum zu bemühen; ich dachte, sie befinde sich ein wenig in einem kindischen Irrtum, wenn sie meinte, die Hauptsache beim Sex sei es, sich dem Schwanz jetzt, da sie erregt war, entgegenzuwerfen und ihn so hart wie nur irgendwie möglich in sich hineinstoßen zu lassen; aber es war eine verrückte Wildheit, eine wilde Freiheit – wie die von Kindern, die unbeaufsichtigt, befreit umhertollen –, doch sie war nicht hysterisch, sondern bloß hemmungslos; der seltsame, dicke, knotige Stab sprang vor und zurück, als wäre er an einem Netz langer Gummibänder befestigt: Es war eine naive und vollständige Befreiung. Ich jagte ihn hinein, und sie machte: »OHHH!«, und eine Millisekunde später, als ich ganz in ihr drin war, ruckte ich ihn noch ein winziges Stück weiter hinein und machte ebenfalls: »OHHH!« Sie zitterte am ganzen Körper. Sie machte: »OHH!» Ich machte: »OHH!«

Als mir dann ihr lauter werdendes Stöhnen und ihre schnelleren und heftigeren Bewegungen das Gefühl gaben, sie nähere sich dem Rand des Orgasmus, begann ich die Stöße geordneter und entschlossener zu machen, in einem erkennbareren Rhythmus, sachlicher, verlockender, mit einer Pause am Ende eines jeden Stoßes; und das erregte sie bis zu einem gewissen Grad, aber dann ließ diese Erregung wieder nach und schwappte nicht über den Rand. Also wurde ich schneller: Ich stieß stärker und noch stärker und dann stärker und schneller; sie stöhnte und stieß schwach zurück. Sie biß sich auf die Unterlippe; sie grub ihre Zähne in die Unterlippe; es erschien Blut. Ich wurde noch schneller, aber mit kürzeren Stößen, ich trommelte fast auf ihr und schob meinen Unterleib vor in der Hoffnung, mit jedem Trommelschlag auch ihre Klitoris zu treffen; manchmal wurde ihr Körper schlaff; aber ihre Schreie kamen immer schneller, ein Vogel nach dem anderen flog aus ihrem Mund, während sie so reglos dalag, als wäre ich ein Boxer, der sie besinnungslos geschlagen hatte; als die Schreie über einen bestimmten Punkt nicht hinausgingen, als sie nicht kam, wurde ich langsamer und fing von vorn an. Ich wünschte mir, ein berühmter Sportler zu sein, ein Meister der Bewegung, eine Frau, eine Lesbierin, ein Mann mit einem gigantischen Schwanz, der in ihren Orgasmus hinein explodieren würde. Ich schob die Hände bis zu den Ecken der Matratze hoch und spreizte die Beine; ich stemmte mich mit Händen und Füßen fest, und so, gewissermaßen freihändig, schob ich mich in sie hinein; und die neue Stellung, das Gefühl des Zugedecktseins, das sie gehabt haben muß, und vielleicht die Andersartigkeit des Stoßens packten sie; ihr Körper verfiel in ein Gebrabbel, ein Gebrabbel von Reaktionen – ich glaube, die Stellung brachte sie auf erregende Gedanken.

Aber sie kam nicht.

Ich legte meine Hände auf die Schüssel ihrer Hüften, so daß sie nicht wegzucken oder den Stoß ablenken oder sich ihm entziehen konnte; sie begann wieder zu stöhnen: »Ahhh!«, aber dazwischen stieß sie kleine Schreie aus: Wir waren wie Kinder, die Fangen spielten (ihre arme, übel zugerichtete Klitoris), wie Kinder, die sich auf die Hände schlugen: So, glaubte sie, mußte Sex sein; es war erregend, so wie es erregend ist, einen Ball schwungvoll zu werfen; irgendwie waren wir auch wie Akrobaten, die aufeinander zustürzen, sich in der Luft treffen und umschlungen ins Netz fallen. So war es.

Ihr Mund stand offen, ihre Augen waren zur Seite gerollt und blieben starr – ich hatte ein Gefühl, als bräche die Dämmerung herein. Ich wußte, wie weit sie war, jedenfalls glaubte ich es zu wissen. Sie drängte, sie trieb uns an. Es bestand keine Gefahr, sie auf diese Weise zu zerbrechen. Orra. Ich fragte mich, ob sie wußte – das gefiel mir an ihr –, wie naiv das war, dieser amerikanische Fick, dieser Teenager-albern-in-der-Dämmerung-auf-der-Straße-herum-Fick. Nachdem ich meinen Schwanz zurechtgerückt und ein bißchen hin und her bewegt und den Unterleib auf ihre Klitoris gepreßt hatte, zog ich ihn ein Stück heraus, allerdings nicht gerade, sondern in einem Bogen, so daß er gegen die Wand ihrer Möse drückte und sie verfolgen konnte, wo er gerade war; und dann hielt ich ganz kurz inne, bevor ich wieder zustieß, damit sie sich auf den Stoß gefaßt machen und ihn erwarten konnte; ich hämmerte ihn hinein und verstand sie, während ich auf absurde und wahrscheinlich ganz unbegründete Weise meine sexuelle Virtuosität genoß; und sie wurde plötzlich still und begann dann laut zu atmen, und dann stürzte etwas in ihr ein oder brach. Mit einemmal erschauerte sie anders. Es war wirklich, als läge sie auf einem Bett aus Flügeln, als hätte sie unter sich ein halbes Dutzend zusammengelegter Flügel, sechs gewaltige Schwingen, große, geäderte, pulsierende, lebendige Schwingen, echte Schwingen mit fleischigen Rändern, aus deren Rückseite schimmernde Federn wuchsen; und sie alle regten sich unter ihr.

Sie richtete sich halb auf, und ich hielt sie, damit sie sich nicht herumwarf und ihren Halt oder ihre gerade erst gewonnene Höhe verlor auf diesem unzugänglichen Glasberg, den sie begonnen hatte zu ersteigen, auf dieser zerbrechlichen Durchsichtigkeit, die unter ihr entstand und größer wurde und für mich von Licht und Dunkelheit zu schäumen schien, als glitten wir über einer Landschaft aus Hecken und Mondlicht und Schatten durch die Luft: ein Berg, ein Meer, das entstand und größer wurde; es wurde größer und größer; und sie sagte: »OH!« und »OHHH!«, fast als hätte sie Höhenangst, als hätte sie sich in die Luft geschwungen und fühlte sich noch immer unsicher auf ihren Schwingen und als wäre ich dabei, zwar ohne Flügel, aber dank irgendeines Zauberwortes und einer Gnade der Verbundenheit; ich hämmerte weiter, und sie sah hinunter und bekam Angst: Die Spannung in ihrem Körper nahm gewaltig zu; und plötzlich durchlief sie eine große, eine wirklich massive Welle der Gewalt, aber jetzt war es, als begänne, aus Angst vor der Höhe oder infolge irgendeines Automatismus, das erste ihrer drei Flügelpaare zu schlagen: große Fächer wedelten durch die Luft, große Schwingen aus Fleisch und Blut, aus denen Federn wuchsen, bewegten sich auf und nieder, gaben ihr Halt und hoben sie noch weiter hinauf – sie zischte und raschelte, sie war still und zugleich heftig; die großen Schwingen und ihre Bewegungen erzeugten Muster aus angespannten und sich überkreuzenden Muskeln: ihre Arme, Beine und Brüste waren ein Echo dieser Anstrengung oder unterwarfen sich der Anstrengung oder mühten sich, die Last der schlagenden, peitschenden Flügel zu bewegen. Ihre Atemzüge waren wild, aber nicht laut, und kippten in alle möglichen Richtungen; unregelmäßig waren sie und neu in diesem besonderen Traum, und sie erzeugten den Eindruck, als sähe sie auf einen großen Luftraum hinab; sie packte mich bei den Schultern, aber sie hatte vergessen, wie sie die Hände zu bewegen hatte, denn diese führten nur die Geste des Zupackens aus, die Geste eines wohlmeinenden, dunklen, aber immer heller leuchtenden, verrückten, an Gedächtnisschwund leidenden Engels. Sie rief: »Wiley! Wiley!«, aber sie rief es *flüsternd,* im Flüsterton eines Menschen, der an einem Nachthimmel dahinglitt, der sich wahnwitzig in die Luft schwang, eines Menschen, der verrückt wurde, der die verrückte Reinheit und Gemütsart eines Engels annahm, eines Menschen, für den dies alles eine unerträgliche Qual darstellte und der eine unerträgliche Angst litt, dessen Lust gewaltig, nur zur Hälfte menschlich, wahnsinnig war. Dann rief sie zurechtweisend: »Wiley!« Sie schrie meinen Namen: »*Wiley!*« – es war lediglich ein Ausruf, sie schrie ihn heiser und irr, sie bat um Hilfe, gab aber mir die Schuld; es war ein häßliches Geräusch, das ein wenig wie aus der Gosse klang; die Häßlichkeit zerstörte nichts, vielleicht besaß sie auch einen eigenen Impetus, aber sie zerriß eine andere Hülle, eine Membran der Gewöhnlichkeit – ich weiß es nicht –, und Orras zweites Flügelpaar begann zu schlagen; ihr ganzer Körper flatterte auf dem Bett. Ich war so naß wie... ein Fisch und stampfte weiter, verschwitzt, mahlend. Ich sagte: »Das ist gut, Orra, das ist gut.« Und stieß weiter zu. Hing in der Luft. Sie rief: »*Was ist das?*« Sie schrie es, wie eine riesige Frau, die sich ihrer Haut zu wehren weiß, jemanden anschreien könnte, der sie unklugerweise mit Schlägen traktiert. Sie schrie – wütend, es schien wie eine Ankündigung eines Wutausbruchs zu sein: »*Oh, mein Gott!*« Wie: »*Wer hat diese Tasse kaputtgemacht?*« Ich machte weiter. Sie richtete sich auf, hob den Kopf und sah mir gerade in die Augen; ihre Augen waren riesig, sie quollen vor. Sie sagte: »*Wiley, es passiert!*« Dann ließ sie sich zurückfallen und schrie ein paar Sekunden lang. Ich mahlte und sagte ein bißchen dumpf: »Das ist gut, Orra, das ist gut.« Ich wollte nicht *Laß los* oder irgend etwas Eindeutiges sagen, denn schließlich hatte ich keinen blassen Dunst vom weiblichen Orgasmus und wollte ihr nicht einen Ratschlag geben und damit alles verderben; außerdem wollte ich mich nicht festlegen, denn es war ja möglich, daß das hier blinder Alarm war und wir weitermachen mußten. Ich stieß zu, hielt inne und zog ihn wieder raus und stieß wieder zu, allerdings nicht ganz im Takt – eins-bums-eins-bums, und dann eins-eins-eins –, und sagte: »Das ist scharf, das macht mich an, Orra, das macht mich sehr an«, und dann: »Gut, Orra«, und darauf zitterte sie auf eine ganz neue Art. »*Gut,* Orra«, sagte ich, »*gut... Orra*«, und dann, mit einemmal, geschah es. Irgend etwas zog sie über den Rand, und irgend etwas gab nach; und alle drei Flügelpaare begannen zu schlagen: Sie war das Zentrum und der Ursprung und das Opfer eines Sturms von Flügelschlägen; wir schwebten über der Welt; Gottes Körper in uns glitt als riesiger Vogel dahin; das große Wunder peitschte ihren Rücken, peitschte rings um uns her auf das Bett; es zerrte an ihr, sie war gequält und außer sich, sie war sich fremd in diesem körperlich-unkörperlichen Ding, in dieser engelsgleichen anderen Verkörperung Gottes, diesem anderen Element ihrer selbst: Die Flügel waren ausgebreitet; sie donnerten und galoppierten keuchend mit ihr davon; fast rissen sie sie auseinander; und sie schrie: »*Wiley!*« und »*Meingottmeingottmeingott!*« und »ES HÖRT GAR NICHT MEHR AUF, WILEY, ES HÖRT GAR NICHT MEHR AUF!« Sie war bleich und gerötet zugleich; die Haare hingen ihr ins Gesicht; sie war schweißnaß und schlug um sich. Es war, als würde sie von einer unglaublich seltsamen und wilden Kraft – etwas wie ein heiliger Zorn – in eine Höhe gehoben, in der sie nicht atmen oder gehen konnte: Der Äther würgte sie, sie war ein kriechender Seraph – taumelnd und flammend und fremd, mit einer Kraft, die das Vorstellungsvermögen überstieg, schrecklich und beängstigend und schöner, als ein Mensch je sein kann. Ein schreiendes Kind, ein heulender Engel in göttlichen Gefilden: Sie schüttelte sich, ohne an sich zu halten, wie ein Engel, der Drohungen ausstößt; ihr Körper bäumte sich auf, fiel zurück, bäumte sich abermals auf; ihre Hände schlugen auf das Bett; sie stieß sehr laute, heisere, zerrissene Laute aus – ich hatte Angst um sie: Es war ihr erster Orgasmus in den sechs Jahren, in denen sie mit ihrem Körper herumgespielt hatte. Es tat ihr weh; ihr Gesicht sah aus wie ein Stein, wie eine monströse Schnitzerei; nur ihr Körper war lebendig; ihre Arme und Beine waren ausgestreckt und angespannt und schlugen um sich oder waren schwach und zuckten kraftlos. Sie war ein Engel, so funkelnd wie ein wunderschönes, zigmal vergrößertes und unwiderruflich exotisches Insekt: Sie war nicht wie ich – sie war eine Frau, die rasselnde, erstaunte, unkontrollierte, unglückliche Laute ausstieß, eine Frau, die aussah, als sei sie erschreckt und vertieft und von der Vielfalt und der Bösartigkeit der Empfindungen – einschließlich ihrer Erleichterung – zermürbt, die auf sie einstürzten. Ich kniete mich hin und bewegte mich ein bißchen in ihr und streichelte ihre Brüste mit sanften, flügelartigen Auswärtsbewegungen. Und sie schrie: »*Wiley, ich komme!*« und stürzte mit einer gewissen Dumpfheit in ihren zweiten oder vielleicht auch dritten Orgasmus, seit sie vor ein paar Minuten angefangen hatte zu kommen; wir hätten noch stundenlang weitermachen können, aber sie sagte: »Es tut weh, Wiley, es tut weh, mach, daß es aufhört…« Also bewegte ich mich nicht; ich hielt bloß ihre Oberschenkel mit den Händen fest; und ihre Zuckungen begannen auszulaufen und vertröpfelten in kleinen Schauern; der versteinerte Ausdruck wich aus ihrem Gesicht; sie beruhigte sich, bis sie nur noch ein wenig zitterte, und dann sagte sie – sie wollte es voll Verwunderung sagen, aber es wurde ein Ausruf daraus, der mit einem Nachklang endete, einer Einleitung zu einem kleinen Schrei –, sie sagte: »Es ist *passiert*…« Oder: »Es ist passieeeert…« Bei dem Gedanken an den ersten Orgasmus ihres Lebens hatte sie gleich noch einen gehabt.

Dieser hier glich mehr drei kleinen Orgasmen, die an Intensität nachließen. Als sie ruhiger geworden war, sagte sie keuchend: »Oh, du *liebst* mich…«

Auch das erregte sie, und als diese Erregung abgeklungen war, sagte sie – wütend – : »Ich hab immer schon gewußt, daß sie etwas falsch gemacht haben. Ich hab immer schon gewußt, daß mit mir alles in Ordnung war…« Und das wiederum bewirkte, daß leichte Schauer sie überliefen. Etwas früher hatte ich, ohne es zu bemerken, angefangen zu weinen. Als ich mich an ihr hinaufschob, um mich auf sie zu legen, fielen meine Tränen auf ihre Oberschenkel, ihren Bauch, ihre Brüste. Ich wollte sie umarmen, mein Gesicht an das ihre schmiegen. Ich wollte sie in den Armen halten. Ich schob die Arme unter ihr hindurch, und sie sagte: »Oh, Wiley« und wollte ihre Arme heben, aber wieder begann sie zu zittern; und dann, obwohl sie zitterte, hob sie die Arme und drückte mich mit bebender, unverkennbarer Strenge an sich; dann fing auch sie an zu weinen.

SPIEL

Manchmal, wenn ich aufwache, bin ich elf Jahre alt; und die Unterseite des Bettrostes, die Reihen von durchhängenden Spiralen über meinem Gesicht quietschen, klappern gegen den hölzernen Bettrahmen – schlaff entweicht die Luft, ein träger Laut –, wenn ich mit Händen und bloßen Füßen in die gebogenen, emaillierten Drähte der Spiralen greife und mich Hand um Hand, Fuß um Fuß horizontal fortbewege. Mit keinem Körperteil berühre ich den Fußboden. Ich kann seitwärts klettern oder auf das Fuß- oder Kopfende des Bettes zu, den Kopf in beliebiger Richtung. Ich bin in Unterhosen und sonst nackt. Und verschwitzt. Die bloßen Füße dieses Kindes sind ungeschlacht groß, ein Vorgriff des Körpers auf das nächste Jahr. Die gewichtige Ausstattung der Zukunft drängt und stößt unvorstellbar in das Bewußtsein, das sich weigert, sie vor der Zeit zu benennen oder zu beschreiben, drängt und stößt auch an die kindlichen Knochen, die kindliche Haut; seine Handgelenke sind so derb und schwer wie kein anderer Teil seiner Arme. Eine zeitbesessene Kraft ohne angemessene Proportion gärt und schwärt in ihm, läßt ihn hier und da anschwellen, verdickt seine Lippen; sein Mund ist lustlos und abweisend, die Lippen – abgeplattete Flächen – wirken unkindlich in dem geröteten Gesicht; seine Augen sind kalt, schwer ergründbar, die verletzten und rachsüchtigen Augen eines Elfjährigen; was auch in ihm gären mag, es sondert einen Honig ab, und er hat bleiche Sommerhaut, aber es sondert auch ein Gift ab, und er ist mürrisch; er ist grob veranlagt, unzärtlich und zynisch, gebläht von Ungeduld. Bei aller verzweifelten Müdigkeit und Unlust ist er ein durchtriebener Junge. Er ist nicht allein unter dem Bett; er hat ein anderes Kind bei sich, ein erheblich kleineres, vielleicht sieben Jahre alt. Das andere Kind ist in Unterhosen und barfuß und liegt auf ihm, während er hängend an der Unterseite des Bettes hin und her klettert. Das andere Kind klammert sich mit den Armen an meinen Hals, seine Beine rutschen zwischen den Geländern meiner mickrigen Schenkel hin und her; ich verschiebe meinen Bauch oft, um die Schräge auszugleichen, auf der es rutscht, um sein Abrutschen zu verlangsamen oder zu verhindern, um der lockeren, knochigen Schlüpfrigkeit seines schlaksigen Gestells auf mir etwas entgegenzusetzen: das Kind prallt und bumst auf meinen Bauch und meine Brust, es rutscht herum. Ich bewege mich innerhalb der erlaubten Grenzen eines Tarzan-Spiels. Wenn seine Mutter oder Großmutter hereinkommt, wird sie vielleicht Einspruch erheben, das ist mir egal. Die Sprungfedern sind ein verfilztes Gewirr von Dschungelgewächsen; schweißig, angestrengt störe ich den Wohnstaub in dem halben Grab unter dem Bett aus dem Schlaf.

Jede Erinnerung an privates Spielen in jenem Jahr riefe das Spielen in kaum erhellten Garagen oder Kellerräumen mit schmalen Fenstern ins Gedächtnis, in den entlegensten, unkrautigsten Ecken der Felder, in den Winkeln oder versteckten Ecken von Dachböden halbfertiger Häuser oder in den verborgenen Tunneln dichten Buschwerks, zwischen den scharfkantigen Blättern und bohrenden Stacheln wintergrüner Sträucher oder im dichten Laub von

Baumästen oder auch in fensterlosen, verfallenen Schuppen, mittags bei Kerzenlicht, überall, wo man außer Sicht war – vielleicht trifft das nur auf mich zu. Ich wollte unbeobachtet sein. Pubertierende Jungen und Mädchen weckten schon dadurch eine geheimnisvolle Scham in mir, daß sie mich bemerkten, oder auch nur durch ihre Gegenwart, Erwachsene ermüdeten und demütigten mich, kleinere Kinder spionierten und klatschten, waren von einer anderen Welt zugefügte Stiche; in allen Gesichtern stand drohende oder handfest nahende Demütigung; elf Jahre alt zu sein war demütigend, die Machtlosigkeit, die Lüge, noch wie ein Kind auszusehen; vor wenigen Jahren waren wir liebenswerter gewesen; jetzt fielen wir jedermann auf die Nerven. Unserer Ansicht nach waren wir die einzigen richtigen Menschen, die einzigen vollkommenen, vernünftigen Wesen, verständiger als Engel – kein Erwachsener begriff das. Sie glaubten, wir stotterten aus Verlegenheit; wir taten es aus Verachtung. Wir glaubten nicht, daß wir etwas Vorübergehendes seien; wir waren zu rational für Wunder, für die Pubertät; unterhalb meiner Augenwimpern war kein Haar an meinem Körper, außer kindlichem Flaum – wir warteten. Ich hatte fast das kalte Herz, den Willen und die strenge Besessenheit eines Mannes. Nicht ganz. Der Augenblick vor der Pubertät ist vielleicht der klarsichtigste von allen, aber er ist voller Irrtümer: dennoch waren wir ganz Gehirn, Augen, Logik, Wille und eine wirksame Kälte. Ich glaubte nicht an Zeit und Veränderung, an irgend jemandes Ehrlichkeit oder Versprechen – mein Zynismus war absolut. Was für leidenschaftliche, schonungslose Spötter wir doch waren! Wir waren wie Schauspieler in einem Film, die wissen, daß sie in Kürze ermordet werden, und all ihre Einzelteile, Arme, Beine und Seele, werden fortgekarrt werden, werden vom Schauplatz der Handlung verschwinden, und weder unsere Eltern noch unsere Freunde, nicht einmal die Erinnerung würden *uns* wiederfinden. Wir waren ebenso kalt und durchtrieben und provisorisch, wie wir erfüllt waren von Wohlgefühl und Gift, und wir hatten eine eigentümliche, tückische, kalte, irritierende Schönheit wie Schlangen.

Es war dunkel unter dem Bett, ein grauheller Dschungel – kein grüngetönter –, und der Staubgeruch ersetzte den Laubgeruch. Randolph war hübsch, und er war langweilig. Wir hatten keine nützlichen Schimpfwörter parat; alles geschah durch Tonmodulation: *Der*? Wie ich die Sache sah, ging ein Spiel allem anderen vor, auch den Ängsten der Mutter und den eigenen. Da gab es keine Sicherheit, keine vorgeschriebenen Regeln, keine feste Ordnung, an die man sich halten konnte: alles wurde täglich neu erschaffen; alles Gestrige starb, während man schlief, im Feuerofen der Träume; was die Träume bestehen ließ, verbrannte der Zufall: die Freunde waren beschäftigt oder hatten sich mit jemand anderem verbündet oder waren in eine andere Einflußsphäre geraten, oder man selbst stand unter anderem Einfluß. An die Logik oder an irgendein außerhalb des unmittelbar Vorangegangenen liegendes Gesetz zu appellieren, an ein Gesetz außerhalb der Kindheit und eines Spielraums von zwei Tagen, das überstieg unsere Fähigkeit, in Worten auszudrücken, was für ein Mensch jemand war und warum es keinen Zweck hatte, mit ihm zu spielen. Die einzig annehmbare Geisteshaltung war die eines zutiefst unversöhnlichen Anarchisten. Ich weiß nicht, wieviel davon Lüge war, wie sehr wir schließlich doch an Logik und

Sicherheit hingen – ich glaube, nicht sehr. Die reale Welt blieb uns in widerlichem Ausmaß verhüllt: Wir versuchten unsere Welt real zu machen; wir waren verlottert, wir waren kleine Militaristen, Soldaten in einer Garnisonsstadt. Würden wir über einsachtzig groß werden? Würden wir andern unheimlich sein? Was würde das Schicksal aus uns machen? Während wir warteten, hielten wir es für schmählich, uns irgendwie zu organisieren. Zur Little League zu gehören war etwas Schreckliches. Wir erforschten gern Kloakenabflüsse und die Kloaken selbst; wir jagten gern Ratten; wir legten Rattenleichen auf Straßenbahnschienen und studierten die Teile der zerplatzten Kadaver: »Sieh mal das hier, wie eine Bohne.« Wir saßen gern an verwahrlosten, verlassenen Plätzen, in menschenleeren Ecken des Parks, und fluchten über unsere Lehrer. Wir hatten Augenblicke der Überempfindlichkeit und Zartheit, der Konzentration und der Erschaffung. Wir schwärmten für Gewalt; wir waren sexuell unzulänglich; unser Zorn lief über: wir liebten Räuberei, Diebstahl, Verrat. Wir spuckten gern in die Garagen katholischer Familien. Wir waren sporadische Wandalen. Man konnte verrückt und häßlich sein, aber solange man merkte, daß andere Leute auch lebten, und man keine Vorschriften kannte, war man als Kamerad akzeptabel. Aber keine Vorschriften – keine derartigen Druckmittel. Wir hatten die Unschuld satt bis obenhin.

Randolph war ein miserabler Spielgefährte; er dachte, die Sprungfedern quietschten, und merkte nicht, daß es das Schnattern der Affen war. Als ich es ihm sagte, fragte er: »Affen?« Dann sagte er: »Erzähl mir's noch mal.« Am liebsten hatte er's, wenn man ihm was erzählte. Seine Mutter stand sehr gut mit meiner Mutter, und Randolph war in eine Kleinkinderschwärmerei für mich verfallen, darum mußte ich mit ihm spielen. Aber ich schämte mich deswegen und wählte dieses Nacktspiel, damit etwas nicht allzu Langweiliges für mich dabei heraussprang, und vielleicht auch um seine Mutter zu schockieren und die Sache hinter mich zu bringen. Man konnte verächtlich schnauben und sich weigern zu spielen, in scharfem Ton sagen: »Ach, du kannst das ja gar nicht«, und davonstolzieren, aber dann steckte die Mutter des betreffenden Jungen sich vielleicht hinter die Schulpsychologin, die verdammt launenhaft war und einen womöglich für labil erklärte; dann gab's Krieg zwischen zu Hause und den Lehrern in der Schule, von denen manche einen für verrückt hielten und andere einen gern hatten. Der gängige Ausdruck war: *Es ist hoffnungslos*. Eine unwahre Behauptung, ausgesprochen im leidenschaftlichen Glauben an ihre Nützlichkeit für ein vergnügliches Vorhaben oder auch nur um ihrer selbst willen, versetzt Randolph in helle Begeisterung; sein Entzücken gründet nicht in der Logik, die von einem Spiel und dem Festhalten an diesem Spiel ausgeht; ihn begeisterte das bewußte Aussprechen von selbsterfundenen Blasphemien, als wären es Wahrheiten. Er wird Rechtsanwalt werden oder Werbefachmann oder ein betrunkener, Regeln befolgender, liebloser Dichter, ein Witzbold, der niemanden amüsiert. Die Vorstellung eines willentlichen Vergnügens wird ihn stets entzücken wegen des Kniffs, den zu beherrschen er immer nur behaupten wird. In vertraulichen Augenblicken wird er sich verplappern. Sein Unglücklichsein langweilt mich – nicht jedes Unglück ist der Achtung wert. Er wird vielleicht nie merken, daß er langweilig und ein schlechter Spielgefährte ist. Er erwartete, gern gehabt zu werden wie ein Spielzeug; seine Mutter und Großmutter hatten ihn als Spielzeug für sich großgezogen; er war zurechtgestutzt und vernachlässigt, ein Harems-Männchen. Was ich auch sagte, es erzeugte in ihm ein abhängiges, verkrampftes, stets kurzes und bald bezweifeltes Vergnügen. Seine Arme sind noch immer um meinen Hals geschlungen, sein Körper liegt auf meinem, und er wartet darauf, von neuem verblüfft zu werden. Inzwischen manövriere ich in dem fauligen, heißen Dschungelstaub unter dem Bett und verwirkliche meine Vorstellungen von Abenteuer und physischen Glanzleistungen; im großen und ganzen ignoriere ich ihn.

Mein Vater ist krank; er hat einige Herzanfälle gehabt; manchmal bittet er mich, neben ihm zu sitzen, dann hält er meine Hand und sagt bittere Dinge zu mir; manchmal fast mit gedämpfter Belustigung wie aus großer Entfernung, als schwömme er auf einem inneren Meer hinaus und fort von uns allen; er lehnt es ab, sich für etwas zu interessieren, was ich ihn frage; er sagt dann: »Ich brauche dir nicht zu sagen, was du tun sollst – du weißt von allein, wie man sich zum Narren macht.« Er sagt es oft liebevoll, einigermaßen liebevoll; stets macht er Witze von dieser Art, ich verstehe nicht, warum er sich nicht um mich sorgt.

Meine Mutter ist eine sehr hübsche, übergewichtige, etwas verkrampfte Frau, die früher ein ausgedehntes Gesellschaftsleben geführt hat, mit dem es vorläufig vorbei ist. Sie sagt von meinem Vater: »Er bemitleidet niemanden außer sich selbst.« Sie nörgelte dauernd an ihm herum, er müsse mehr Lebenswillen haben; und er sagte zu ihr, sie müsse gütiger werden, lächeln, nett sein; sie sagte: »Ich kann nicht den Narren spielen, bloß um dir eine Freude zu machen – nimm doch Vernunft an.« Mein Vater war zu dem Schluß gekommen, daß er sie haßte, und sein Haß war schwerfällig und abweisend und gnadenlos; er nannte sie Madame Die Große Gehörnte Kröte und Ihre Hoheit Unser Hauseigenes Mordluder und Mrs. Höllenmaul. Sie hielt nicht viel vom Empfindungsvermögen der Männer; mein Vater und ich, fand sie, hätten durch unsere Gefühle für sie zu großen Taten angespornt werden müssen; aber mein Vater wollte nicht nur Vater, Brotverdiener und Ehegatte sein, ein von der Liebe geadelter Mann, und sie wollte sich nicht mit ihm als Mensch befassen. Sie war bereit, eine Zeitlang ihre Rollen für ihn zu spielen – sie erwartete und wünschte vielleicht gar nicht, daß er sie als Menschen sah, sondern daß er sie statt dessen liebte. Damit nahm sie es nicht so genau. Meine Mutter zwang mich, mit Randolph zu spielen. Sie zwang mich gern zu allem möglichen. Sie sagte zum Beispiel: »Zieh mir die Schuhe aus – ich bin ganz erledigt.« Aber ich wollte nicht; doch wenn ich mich weigerte, gab es vielleicht kein Abendessen. Sie nimmt mir übel, daß ich jung bin, daß sie für mich sorgen soll, daß ich ein Junge bin und nie so wie sie als Pflegerin von jemandem sitzenbleiben werde. Auf eine faule, schreckliche Weise haßt sie es, Pflegerin zu sein, und läßt ihrer Grausamkeit freien Lauf. Sie sagt zu meinem Vater, daß es sie anekele, für ihn zu sorgen – sie könne mehr als Hausmädchen und Köchin sein. Oft versucht sie, mich zu überreden, oder befiehlt mir in ihrer Verrücktheit, den Haushalt zu führen: »Mach das Essen für deinen Vater; wenn es nicht gut gekocht ist, wird er dich nicht umbringen; dich hat er gern.« Sie sagte: »Erwartest du etwa, daß ich dir eine glückliche Kindheit bereite?« Sie waren alle verrückt.

Sie hatte mich irgendwie lieb, aber jetzt, da mein Vater krank war, sorgten die Leute sich um mich und nicht um sie; sie erwarteten von ihr, daß sie sich aufopferte. Sie entschädigt sich dafür, sie bringt mich so ganz nebenbei in Gefahr; so ganz nebenbei gibt sie sich ihren Launen, ihren Eingebungen hin. Sie ist eine gutaussehende Frau, gefährlich und alternd. Andere Leute sagen das von ihr, daß sie gefährlich ist und alt wird. Ich weiß, daß sie gegen mich Feindseligkeit empfindet, und sie läßt es mich selbst fühlen, und ich bin elend und verängstigt, aber was soll ich tun? Mein Vater sagt, ich solle zusehen, daß ich nichts mit ihr zu tun habe. Wenn ich ihr aus dem Weg gehe, weint sie und sagt: »Auch du, auch du wendest dich gegen mich?« Davon kommt zum Teil meine Wildheit, von ihren Tränen, erst die Feindseligkeit und dann die Tränen.

Ich versuchte, nicht mehr zu Randolph zum Spielen zu gehen. Das heißt, ich machte mich unsichtbar, ich vergaß Einladungen, aber meine Mutter hatte den längeren Atem. Sie sagte: »Denk nicht immer nur an dich. Sei öfter bereit, jemandem einen Gefallen zu tun. Vielleicht wird derjenige dir eines Tages helfen. Du weißt nie, wie alles kommt – du könntest dich gut amüsieren. Es sollte dir schmeicheln, daß er dich gern hat. Glaub mir, bei deinem Charakter ist es nicht leicht, dich gern zu haben.«

Sie begann zu keifen: »Geh hin und spiel mit ihm! Blamier mich doch nicht vor seiner Mutter! Ich schulde ihr Dank für einen Gefallen! Sei doch zur Abwechslung mal freundlich zu jemandem! Es wird dir nichts schaden!«

In dieser Vorstadt spielten die Jungen meines Alters Gewinn- und Glücksspiele: Murmeln, Austausch von Baseballkarten, Messer- oder Pennywerfen, und Spiele, bei denen richtige oder gespielte Gewalt eingesetzt wurde: Duelle mit Erbsenpistolen, Räuber und Gendarm (mit gespielter Rauferei, gespielter Qual und oft ausgefeilter Handlung); Robin Hood, Tarzan, Raumfahrt und Folter waren beliebter als Sport. Wir spielten alle möglichen Abarten von Baseball, denn wenn man noch sehr jung ist, ist es schwer, ein richtiges Baseballspiel zu organisieren; wir bekamen nicht leicht Zutritt zu einem Sportplatz, und wenn wir den Platz hatten, konnte es passieren, daß ältere Jungen oder Erwachsene uns vertrieben und ihn für sich beanspruchten; und im übrigen: Woher sollten wir achtzehn Kinder kriegen? Unsere Eltern versuchten dann und wann, ihren Einfluß geltend zu machen oder durch finanziellen Einsatz irgendeinen Sport zu fördern, um uns von den glückseligen Unarten der Kinder, unseren anderen Spielen, abzuhalten, aber meine Eltern interessierten sich nicht für Sport, und mir waren die Unarten vielleicht vertrauter und lieber als anderen Kindern. Ich weiß nicht, ob das wirklich so war. Unsere Machtlosigkeit, die Realität dieser physischen Tatsache, wurde uns immer wieder vor die Nase gehalten: Vielleicht wurde man gebeten, bei einer Baseball-Mannschaft älterer Jungen einzuspringen, aber unsere Schlagweite, unsere Kraft am Schlagmal waren so begrenzt, daß jeder auftauchende ältere Junge willkommen war und unsereiner weggejagt wurde.

Von den Spielen, bei denen wir bestimmen konnten, war Folter vom sechsten bis zum zehnten Lebensjahr, nämlich als wir anfingen, uns das Koordinationsvermögen und die Freiheit für großangelegte Unternehmungen und die Unterdrückung Schwächerer anzueignen, das verbreitetste.

Meist wurde es von drei Kindern gespielt, aber das dritte war eigentlich mehr ein Schiedsrichter, ein zaubermächtiger Kamerad, ein Sicherheitsfaktor. Dann und wann kam es plötzlich in Mode, und nicht alle spielten es immerzu, aber jeder spielte es irgendwann einmal, das heißt jeder *richtige* Spieler – es gab Kinder, mit denen wir nicht spielten, weil sie so waren, wie ihre Eltern sie haben wollten, und die fanden wir widerlich (und vielleicht gehörte ihnen die Zukunft – das wußten wir nicht). Nicht alle Kinder haben einen freien Willen; unter denen, die ihn haben, haben manche ihn mehr als andere. Anpassungsunfähige Kinder, die keinen Sinn für das Erforschen der exotischen Möglichkeiten und Perversitäten des Augenblicks hatten, waren ausgeschlossen. Folter war ein unkompliziertes Spiel: einer war Gefangener und zur Hilflosigkeit verurteilt; die Möglichkeit der Flucht war selten vorgesehen. Der Mittelpunkt des Dramas war für gewöhnlich das Verhör; man konnte rebellieren und versuchen, den Befragenden zu schlagen, oder ihn wirklich schlagen, aber dann ließ er oder sie eine imaginäre Peitsche sausen, und man mußte heulen, als litte man heftige Schmerzen. Mädchen spielten auch mit, aber sie waren sehr sonderbar, nicht leicht zu lenken. In den meisten Fällen war richtiger Schmerz nicht das Wesentliche: es gab andere Spiele, bei denen es um wirklichen Schmerz ging, aber der war dann gemeinsam oder gegenseitig. Bei der Folter kam es im Grunde auf die Hilflosigkeit, die Glaubhaftigkeit der Gewalt und das Starkbleiben oder Gebrochenwerden des Willens an. Als man noch sehr jung war, hatte man lauter Phantasiespielzeuge – Phantasieketten, -peitschen und -brandeisen –, höchstens benutzte man vielleicht einen alten Schnürsenkel oder ein Stück

Bindfaden als Peitschenschnur – Sie wissen ja, wie Kinder sind. Unter den Kindern, mit denen ich spielte, waren die Mädchen die ersten, die realistisch vorgingen: Nagelhautscheren zum Stechen (nicht tief) oder zum Abschneiden der Pölsterchen an den Fingerspitzen. Es war sonderbar und komisch, daß an diesem Punkt die Folter oft in eine Maniküre umschlug; die Spannung des Spiels war zu vieldeutig, zu gefährlich, es schwang zuviel darin mit, so daß wir oft gleichsam vergaßen, was wir taten, und in etwas anderes hineinglitten.

Mädchen bestanden darauf, daß man gefesselt wurde. Wir spielten vielleicht an drei Tagen hintereinander je eine Stunde lang Folter, und dann möglicherweise im ganzen Jahr nur noch viermal; ich würde nicht sagen, daß es das beliebteste Spiel war, aber es war doch das gängigste. Wenn man sich in ein anderes Viertel begab, war dies das Spiel, auf das man sich höchstwahrscheinlich einigte. Jedenfalls verwendeten wir zum Fesseln aufgebogene Kleiderbügel oder Enden von Wäscheleinen. Oft waren die Vorbereitungen zu diesem Spiel das einzige, wo wir mit Leib und Seele dabei waren. Nur wenige Mädchen oder Jungen konnten überzeugend sagen: »Ich steche dir das Auge aus, wenn du nicht redest.« Ich will damit sagen, daß das Grauen sich schnell verflüchtigte – das eigentlich Beängstigende lag in der Erwartung.

Manchmal verflüchtigte sich das Grauen nicht. In einer Nachbarschaft, wo reichere Kinder wohnten, fand ich mich einmal in einem Keller an einen Stuhl gefesselt. Zwei andere Jungen waren dabei, und ein Mädchen sollte hinzukommen, aber es tauchte nie auf. Einer der Jungen hieß Lewis: seine Mutter war Witwe, und Lewis war sehr hübsch, sehr schüchtern und still in der Schule und hatte gute Manieren; eine solche Neigung hätte ich von ihm nicht erwartet. Er sprach nicht viel, und bei den meisten Folterspielen wurde gesprochen, daher dachte ich zunächst, es würde langweilig werden. Er und andere Jungen erhitzten einen Lötkolben und versengten mir trotz meines Protestes das Haar; dann wollten sie mir die Augenwimpern absengen – Lewis war sehr stolz auf seine ruhige Hand. Ich sagte: »Du Wichser.« (Ich wußte nicht, was wichsen bedeutet, aber ich wußte, daß es ein bedenklicher Ausdruck war.) Er sagte, ich sei gefesselt, und er werde tun, was er wolle – mir gefror das Blut in den Adern, und ich wand mich hin und her, so daß er Angst hatte, mir nahe zu kommen; aber dann hielt er den Lötkolben nahe an mein *Kinn* und drohte, mich zu verbrennen, wenn ich nicht mit der Zappelei aufhörte. Es galt als Schande, sich an einen Erwachsenen zu wenden oder zu petzen, aber ich sagte ihm, er solle sich zum Teufel scheren, sonst würde ich schreien und alles verraten. Daraufhin ließ er von mir ab. Murrend band der andere Junge mich los, und dann schlug ich Lewis – auf die Wange, aber nicht sehr fest, gerade fest genug, daß er mein Mißfallen merkte, nicht etwa Wut. Lewis sagte, er verstehe mich nicht; er und der andere Junge zeigten mir, wie sie spielten; der andere Junge legte seinen Finger in einen Schraubstock (wir waren in einer Kellerwerkstatt), und Lewis drehte die Spannschraube; so daß der Finger des anderen Jungen immer fester eingeklemmt wurde. Der Junge begann zu schwitzen und sich ein bißchen zu winden, und er starrte Lewis mit vorquellenden Augen an. Lewis zog die Spannschraube noch fester an.

Man hörte von ziemlich schweren Verletzungen – aber

meist unter ganz reichen Kindern (in unserer Gegend, dem Hang eines langgestreckten Hügels, verliefen die Straßen parallel; oben standen die hochherrschaftlichen Villen, und dann wurden die Häuser von Straße zu Straße kleiner, je weiter man herunterkam, bis hin zu den ganz kleinen unten im Tal).

Wir waren sexuell noch unerweckt – ich kannte niemanden in meinem Alter, der über sexuelle Dinge Bescheid wußte; wir redeten oft drumherum, aber wir waren merkwürdig unwissend. Wir erlebten heftige Ausbrüche von Zuneigung füreinander, fühlten uns zuweilen zu einem anderen Kind besonders hingezogen: und so hatte es mich auch zu Lewis hingezogen. Lewis und ich besuchten ein Mädchen namens Myrna, das ein weißes Schlafzimmer hatte – Lewis und Myrna waren Episkopalier, aber es war ein so irrsinnig überladenes, kitschiges Filmprinzessinnenzimmer; und hinterher spielten Lewis und ich in einem Wald (dicht bei der Schule) Folter auf meine Weise, das heißt, wir benutzten unsere Phantasie und ein oder zwei dürre Zweige, um einander leicht die Beine zu peitschen. Ich dachte, Lewis würde von meiner Version des Spiels beeindruckt sein, und war höchst erstaunt – und gekränkt –, als er sagte, ihm gefalle seine Version – Lötkolben und Finger im Schraubstock – besser.

Die Spiele wurden *real*, sobald es um Geld – oder Murmeln – ging, sobald Verlust oder Schmerz möglich war. Sonst nicht. Ein Mädchen, das keine Qualen litt, wenn wir mit seiner Puppe Fangeball spielten, bekam die Puppe sehr schnell zurück. Ein anderes Spiel, das man aus Langeweile, aber manchmal mit großer Hingabe spielte, war das Springen mit beiden Füßen zugleich oder das Hüpfen auf einem

Bein oder das Einander-auf-die-Füße-Treten, wobei man auszuweichen versuchte und Ellbogen oder Hände als Puffer benutzte oder den Gegner mit ausgestreckten Armen abwehrte. Die sonderbarste Abart von Fußtretspielen erfand ein Junge, der ein bißchen wie Tom Sawyer aussah und den ich sehr gern mochte: Wir standen einander gegenüber, und zuerst ließ er etwa aus Kniehöhe einen Ziegelstein auf meine Zehen fallen, dann ließ ich einen auf seine Zehen fallen; wir hatten beide Schuhe an. Dann ließ er seinen Ziegelstein von höher oben auf meine Füße fallen, so daß ich aufjaulte; und ich ließ meinen Ziegelstein aus derselben Höhe auf seine Füße fallen. Zwischendrin wurde viel darüber palavert, ob man den Ziegelstein aus der richtigen Höhe hatte fallen lassen. Wer sich zuerst vor Schmerzen krümmte und nicht damit aufhören konnte, hatte verloren. Ich erinnere mich, daß wir unsere Schuhe mit Lumpen und Pappe umwickelten, damit die Steine sie nicht zu sehr aufschrammten und unsere Eltern nicht dahinterkamen, was wir machten.

Alles, womit wir uns beschäftigten, drehte sich ums Vergnügen und um eine Art Spiel oder Wettkampf, der Demütigung, Flucht oder eine sehr ehrenhafte Flucht vor der Demütigung beinhaltete. Einmal schlug mein Tom-Sawyer-Freund ein Spiel vor, bei dem man aus einem Fenster im ersten Obergeschoß eines Neubaus auf einen Sandhaufen springen mußte. Und ich hatte Angst. Wir waren zu fünft, darunter zwei Mädchen; die anderen vier segelten mit ausgebreiteten Armen durch die Luft; ich brachte es nicht über mich. Nein. Ich tat es einmal und brachte es dann kein zweites Mal mehr über mich.

Sofort stürzte ich mich vor aller Augen in einen Ringkampf mit meinem Tom-Sawyer-Freund; die anderen zogen mich von ihm weg; ich war stärker als Tom Sawyer, darum war es kein fairer Kampf; aber außerdem hatte ich vielleicht das Heft zu lange fest in der Hand behalten; kam es mir für eine Weile nicht mehr zu, an der Spitze zu sein, und meine Freunde wollten mich einmal richtig im Nachteil sehen. Ich litt.

Bei allem, was wir taten, gab es Gelegenheit, unsere Feigheit, Geschicklichkeit oder Kraft zu messen; als eine katholische Kirche mit einem hohen Turm gebaut wurde, kletterten wir an dem Baugerüst hoch, nicht über die Rampen, sondern am Gerüst selbst, und die Kinder, die kniffen, wurden mit einer vollendeten Freundlichkeit behandelt, aus der ihre Unwichtigkeit zu erkennen war, bis sie ihren Platz zurückeroberten, sei es beim Murmelspielen oder indem sie auf dem Fahrrad freihändig mit ausgestreckten Armen und Beinen die Straße hinunterfuhren.

Dieses Kräftemessen war manchmal ein gemeinschaftliches – das heißt, jeder wurde auf die Probe gestellt – und manchmal ein eingeschränktes, das heißt jeder von uns gegen einen anderen; und die Augenblicke des Triumphes oder der Demütigung waren so hitzig, so elektrisiert vom Pulsieren der Nerven oder vom Herzklopfen, daß es schien, als veranstalteten unsere Körper neurologisches Feuerwerk mit ausgelassenem Lärm und Zeremoniell – auch mit Erröten, Schweigen oder Bescheidenheit, mit plötzlichen Ausbrüchen von Grausamkeit oder Zärtlichkeit –, wie wenn der Doge Venedig mit dem Meer vermählt; so daß zuweilen der Geruch von Leben, dieser ranzige Gestank, diese Kraft, dieser Druck von außen nahezu die Persönlichkeit überschwemmte: Der Körper schien am Rande des

Überlaufens oder Schmelzens zu sein. Das Gerüst, das wir erkletterten, hinterließ Druckstellen in meinen Händen, tiefe, gerötete Rillen, kleine Schwielen, eine Blase; ein Teil meines Bewußtseins strömte in das Gefühl, Hände zu haben, als ich von dem Gerüst herunterkam; ich war am höchsten von allen gestiegen, bis zur Spitze. Ich brauchte nicht zu lächeln. Ich brauchte nicht zu erwähnen, was ich getan hatte. Ich fand es nur schwer, meinen Blick zu fixieren; ich starrte in die Ferne, und ein merkwürdiges Gefühl – ich würde es Befriedigung nennen, aber es krümmte sich und stieg und veränderte Gestalt und Geschmack (manchmal war es trocken, manchmal feucht und halbsüß) – erfüllte mich bis oben hin, erfüllte mich seltsamerweise mit Bewunderung und Liebe für meine Gefährten, die für mich, den Gewinner in diesem Fall, nicht notwendig das gleiche empfanden.

Gewinnen war so, als stände man am Rande einer wirklich hübschen Aussicht auf Schilf und Wasser und einen hübsch beleuchteten Himmel. Eine schöne Welt. Gefährlicher war es, auf eine bestimmte Weise zu gewinnen, rücksichtslos, zu gewollt; alle protestierten, wenn man auf diese Art gewann; nicht daß sie einem direkt aus dem Weg gingen, aber man wurde als ein Wolf unter Kindern betrachtet; Charakter und Ausdauer waren okay; aber dieses andere war so ungehörig wie Hinterlist; trotzdem war fast jeder einmal hinterlistig. Ich nicht. Ich war zu sehr Olympionike, um hinterlistig zu sein, außer wenn andere mich baten, ihnen einen Schwindel zu erfinden. Aber der konzentrierte Wille und die nackte Begierde, im Gegensatz zum verborgenen Willen, zur versteckten Begierde, waren schockierend, schockierend selbst wenn man diesen konzentrierten

Willen an sich selbst erfuhr, die keuchende, glotzäugige Konzentration (als säßen die Augen auf Stielen und nicht im Schädel) und die brutale Gewalt, jemanden zu etwas zu zwingen: ihn zu drücken, bis er bettelte, ihn loszulassen; oder einem den Arm zu verdrehen oder einen in den Schwitzkasten zu nehmen oder mit jemandem zu boxen, bis er unterlag, bis er tat, was man von ihm wollte.

Manchmal sprangen sie auf, oder man sprang auf, oder ich sprang auf, wenn man jemand zu Boden gezwungen hatte und ich hatte zugeben müssen, daß ich, sagen wir, ein Schweinsarsch sei, und dann nahm ich es zurück und rannte weg. Oder man vergalt es auf andere Weise. Mädchen waren besonders rachsüchtig, sogar große Mädchen; manchmal hatte ich den Eindruck, daß Mädchen überhaupt alles nur aus Rache oder Liebe taten; sonst saßen sie einfach auf ihrem Arsch; aber wenn sie mit einem Jungen oder einem Mädchen oder ihren Eltern oder wer weiß wem abrechnen mußten, standen sie auf. Kleine Jungen waren auch so. Wenn die Mutter meines Tom-Sawyer-Freundes nett zu mir gewesen war, schlug er unweigerlich vor zu knobeln; er hatte kräftige Finger, von denen mein Handgelenk mehr brannte als das seine von meinen Fingern. Gewalt, ein kleines bißchen Gewalt lauerte überall; manchmal war es, als wären wir von einem Indianerdämon besessen, der unser Spiel überwachte, uns besonders amerikanisch machte. Oder wir waren Pionierkinder, halb Indianer, halb religiöse Fanatiker. Aber so lebenshungrig. Die Vorstadt lag kahl auf wilder Erde; unter unseren Füßen, unter dem Rasen bestand der eigentliche Boden aus dichtem, hohem Gras, lag in sonnenbeschienener Stille. Etwas leitete uns – Jungen wie Mädchen – mehr als alles andere bei unseren

Spielen, und das war die Affinität zu unseren Vätern und die sonderbare Feindseligkeit gegen unsere Mütter, eine Feindseligkeit, die nichts mit unserer wütenden Loyalität zu tun hatte: es gab einen ganz sicheren Weg, eine Prügelei anzustiften, nämlich jemandes Mutter zu beleidigen; trotzdem leitete uns bei unseren Spielen nicht nur der Indianerdämon, sondern noch ein anderer, blasserer Geist, ein intellektueller, deduktiver Geist: Wir verfielen fasziniert auf die Spiele, von denen wir wußten, daß unsere Mütter, hätten sie Wind davon bekommen, sich am meisten darüber aufgeregt hätten; wir mußten, ja, wir *mußten* das tun, was sie verboten oder mißbilligten; als gäbe es ein Gesetz, demzufolge hinter allem, was uns Vergnügen machte, der Gedanke steckte, daß es unseren Müttern peinlich und zuwider sein würde.

Meine Mutter sagte oft, es sei keine Freude, Mutter zu sein, Kinder fänden ihren Spaß darin, einen zu quälen. Und auf eine komplizierte Weise stimmte das. Was sie quälte, machte uns Spaß.

Manchmal suchten ältere Jungen Streit – dann trabten sie zu viert oder fünft, nicht unbedingt ärmer, aber robuster als wir, durch die Straßen und stifteten Unruhe; manchmal kam auch eine Horde älterer Jungen per Fahrrad aus einem anderen Vorort, manchmal aus einem reicheren, manchmal aus einem ärmeren wie Vikings, die quälten jeden, den sie in die Finger kriegten; sie sahen hungrig aus und waren jämmerlich unglücklich – und gewalttätig: irgendwie unbegreiflich. Wenn sie einen erwischten, banden sie einen vielleicht mit dem Gürtel hinten ans Fahrrad, und man mußte hinterherlaufen, während der Junge auf dem Rad sich von Zeit zu Zeit mit beschämtem, verschlossenem Gesicht nach einem umsah. Das hatten sie aus Filmen. Oder sie zogen einem die Hose aus, oder sie schubsten einen von einem zum anderen, bis man schrie. Manchmal verdrehten sie einem den Arm, oder sie ließen einen niederknien und sagen, ihre Nachbarschaft sei besser als die eigene. Oder sie zwangen einen vielleicht zu sagen, man habe eine dreckige Mutter. Oder sie sei eine Hure. Manchmal beschuldigte man die Eindringlinge sexueller Belästigungen, sie hätten sich in Torwegen oder vor Frauen, die sich fürchteten, aus dem Wagen zu steigen, entblößt oder kleine Jungen zu mäßig unanständigen Handlungen veranlaßt. Aber es war eine anständige Nachbarschaft, und dergleichen wurde gern vertuscht.

Als relativ kleine Jungen bewunderten wir das magnetische Feld der Gefühlsstärke und -ausstrahlung der Frauen – eine Frau konnte auf ihrer Veranda stehen und einen strengen oder netten Eindruck machen, oder eine Frau, die in die Schule kam, konnte so selbstsicher aussehen, daß man Scheu vor ihr hatte. Wir bewunderten die Wut der Frauen – allerdings nicht ihre Hysterie. Ganz sicher bin ich mir nicht, aber bei einer Menge Frauen und Mädchen erschien uns alles albern oder berechnet außer ihrer Wut. Sie waren gefährlich und unerreichbar, während ihre Wut vertraut war und eine Art Wirklichkeit zuließ und mithin ein Wohlbefinden.

Bei Männern bewunderten wir hauptsächlich Muskeln und große Hände. Ein richtig muskulöser Mann flößte uns Ehrfurcht ein, auch wenn er bösartig war. Ich kannte niemanden (obwohl es solche gab), der die hemdlosen Helden in Comics und die schmalhüftigen, maskierten Edelinge in gewissen Filmschnulzen nicht bewunderte. Auf körperliche Vollkommenheit wurde nur nebenbei Wert gelegt, aber unsere Augen waren großzügig und sahen vielleicht mehr Vollkommenheit, als da war. Ein mürrischer älterer Junge namens Stanley mit einem pickeligen Gesicht, der als übellauniger Tunichtgut bekannt war, wurde eines Tages dabei beobachtet, wie er auf seinem Hinterhof Gymnastik machte, und es stellte sich heraus, daß er einen bemerkenswerten Körper mit zwei Zentimeter dicken Boxermuskeln auf der Brust und überall hatte. Sein Körper war (obwohl im ganzen klein) viel beeindruckender als der jedes anderen Jungen in unserer Nachbarschaft in jenem Jahr, und oft, wenn er auf dem Hof trainierte, spionierte ein Junge ihn aus und rief eine Bande zusammen, und wir gingen hin und sahen Stanley zu und beobachteten seine Muskeln, während er alles mögliche tat, damit sie noch größer wurden.

Meine Freunde stifteten mich dazu an, ihn zu fragen, wie er seine Brustmuskeln bekommen habe, und Stanley sagte, das habe er mit Liegestützen geschafft. Etwa neun von uns begannen prompt, ihn nachzuahmen und – wie eine neue Spezies keuchender Heuschrecken – Liegestütz zu üben. Ein Schwarm Heuschrecken.

Unter dem Vorwand, gestolpert zu sein, ließen wir uns neben älteren Mädchen zu Boden fallen und wälzten uns, um ihnen unter den Rock zu sehen – dann berichteten wir einander: »Hast du was gesehen?« Wir sahen nie etwas; wir wußten gar nicht, wonach wir suchen sollten; aber aufregend war es auf alle Fälle. Und notwendig. Ich glaubte, ich würde erkennen, was immer unter einem Mädchenrock interessant sein mochte, wenn ich es sah, aber der einzige Eindruck war die düster-stumme Pracht der Schatten und die Andeutung von etwas schaler, eingeschlossener Luft. Und Heimlichkeit. Wir spionierten oft Mädchen nach, die von Jungen besucht wurden. Wir rannten zum Haus eines älteren Mädchens, von dem wir wußten, daß es zum Tanzen gehen würde; wir sahen zu gern so richtig aufgetakelte Mädchen. Es ist schwer zu glauben, wie uns der Festtagsstaat einer Frau bewegte: Pelze, Schmuck, teure Kleider, elegante Schuhe. Und alles war verheißungsvoll: wirbelnde Blätter, eine aufsteigende Gewitterwolke, der Geruch eines Kellers. Auf dem Fahrrad bergab zu rollen, versetzte uns in einen leichten Taumel des Vergnügens (kein Abhang war lang genug). Dinge berührten die Handflächen – Beton, das Holz des Verandabodens, rauher Ziegelstein, die rostnarbigen Handgriffe eines Fahrrades. Wir stromerten hier- und dorthin und waren meistens hinter etwas Unanständigem her. Wut bei Männern ängstigste uns halb zu Tode; bei Frauen versuchten wir sie hervorzulocken; nur die ängstlichsten Kinder neckten nie eine Frau. Wir schlichen etwa einem Mädchen nach, einem älteren Mädchen, warfen Steine nach ihm, liefen wie die Wilden davon und lachten, wenn es uns über ein unkrautüberwuchertes Grundstück jagte, ein seltsames, schwächliches, schleppendes, vielleicht übererregtes Lachen. Wir waren oft brave Kinder, passiv und steif, aber das hielt nie lange an. Das Unanständige lockte. Wir Jungen und ein paar Mädchen kamen oft zusammen, um über die Bedeutung der schmutzigen Wörter zu sprechen, die wir in unserer sexuellen Latenz nicht verstanden: was ficken bedeutete, wurde mir mindestens fünfzigmal von älteren Jungen erklärt, aber ich hatte nicht die geringste Vorstellung davon. Ich blendete das alles aus. Als ich sechs war (damals hatte ich komischerweise überhaupt keine Definition für das Wort ficken, und ich sah gar nicht, wie komisch das war), stimmte ich mit einem anderen Jungen darin überein, daß ficken so etwas Ähnliches sein müsse wie auf seine Mutter Pipi machen, weil die Mütter sich so darüber aufregten. Wir lebten in einer sinnlichen und leidenschaftlichen Unmittelbarkeit, als wäre unser Vorort ein von Mauern und Toren eingeschlossener Garten; erst als ich schon ziemlich groß war, kam mir die Ahnung, daß er nicht schön gewesen war. Unsere Welt war umschattet, gewalttätig und unsauber. Aber anständig wegen unserer Machtlosigkeit. Wir wußten sogar, daß elterliche Liebe eine physische Bindung war: wurden wir nicht geliebt und gestreichelt, angefaßt und gebadet und aufgefordert, unsere Eltern zu umarmen? Wir wußten, daß unsere Eltern sich im Hinblick auf uns belogen; manchmal versuchten wir so brav zu sein, wie sie glaubten, wir wären es; aber meistens war es nicht so wichtig – nur manchmal war es schrecklich. Wir waren es gewohnt, Leuten weh zu tun. Aber nicht immer. In manchen von uns gab es zusätzlich ein Fünkchen Befangenheit – mehr war Tugend damals nicht. Oder in mehr wurzelte sie nicht. Irgendwie konnten wir manches, was wir taten, nicht in den Wassern der Kindheit abwaschen. Irgendwie konnten wir unser Leben nur zeitweise leben: vor Erwachsenen fand ich es notwendig, kein eigenes Leben zu führen, sondern ein Außenstehender zu sein – ein Beobachter von Träumen, von Erwartungen. Unterdessen war ich ein Kind. Die Kinder, die ich kannte, herzten und verführten Tausende. Nach einem Spiel im Schnee oder in der Hitze konnten wir auf der Erde oder im Schnee liegen und uns um und um wälzen und dann übereinander, bis unsere Wangen sich berührten, bis unsere Augen ineinander sahen; wir handelten mit unseren Umarmungen oder ließen andere damit handeln; wir kreiselten und ließen uns fallen und kletterten in Wipfel und Winkel, hinein in Geheimnisse und heraus. Unsere Geheimnisse. Wir verstanden noch nichts. Nur ein paar eigensinnigen, vielleicht unzuverlässigen Kindern blieb die Priorität des Körperlichen erspart; sie lebten im Reich der Entbehrung und Einsamkeit und warteten auf das Eintreten in ihre intellektuellen und spirituellen Königreiche. Wir übrigen lebten in einem Garten, und wir wußten, daß niemand Mitgefühl mit uns haben würde, wenn wir ihn nicht erst körperlich bezauberten. Wir waren Kinder, kleine Huren – der ganze Vorort war ein Bordell. Wie hätte es anders sein können, wie kann es je anders sein? Blut floß in uns; das Licht kam durch den gebrochenen Jaspis der Bäume. Hitze stieg vom Schotter der Straßen auf. Der Schnee löste Munterkeit aus, zwang uns zu tanzen, als wäre er Musik, zu hüpfen, zu springen. Zwischen den Bäumen und den lebenden, erhitzten Menschen muß es dasselbe sein, wieviel sie auch lügen, wieviel sie auch vergessen. Es ist ein sinnliches Wunder, jung zu sein. Wir sind von sehr frühem Alter an lebendig.

Die Bluejeans liegen auf der Erde; die leicht stinkigen, fleckigen Tennisschuhe und Socken, die fortgeworfenen abgetragenen Hemden, verdreht, ausgebreitet, wehrlos, mit Knöpfen wie Fischaugen. Andere Jungen und ich zogen uns oft aus, das gehörte zum Tarzan-Spiel wie zum Folterspiel (aber wir zogen uns nicht immer aus). Randolphs Mutter ist nicht zu Hause; zum Teil bin ich hier als Babysitter. Randolphs Großmutter, eine strenge, etwas verrückte Frau, ist auf Patrouille im Untergeschoß; ich kann es nicht leiden, wenn sie uns stört, egal, was ich mit Randolph mache – sie macht gern die Tür auf, kommt herein und kontrolliert; dabei habe ich ihr gesagt, sie soll das nicht tun. Manchmal späht sie von der Tür aus herein. Jetzt nicht: Randolph hat beredt protestiert (er mag es nicht, wenn ich sauer oder gelangweilt bin), sie solle nicht hereinkommen, wenn seine Tür geschlossen ist. So hat sie ein- oder zweimal durch die geschlossene Tür gerufen: »Was macht ihr zwei? Ist alles in Ordnung?« – »Wir spielen. Geh weg, Oma.« Die alte Frau denkt schlecht von mir, von allen, die Randolph gern hat, und zum Teil aus leichtsinnigem Trotz gegen sie habe ich fast alles ausgezogen. Vor der Tür liegen Spielsachen, und wenn die Alte die Tür zu öffnen versucht, wird es Lärm machen. Wirklich, sie kann mir gestohlen bleiben.

Ich dachte, was ich hier machte, wäre Gymnastik, so ähnlich wie der Liegestütz, den Stanley empfohlen hat, also würde ich vielleicht eines Tages auch so muskulös werden. Vieles von dem, was wir als Kinder machten, taten wir aus Ärger, oder es diente zur Flucht – Ärger über die Erwachsenen, Flucht vor ihnen. Sie können nicht Tarzan spielen. Die große, drückende, dräuende, wartende Sinnlichkeit des Vorortes ist nicht offenkundig gegenwärtig. Ich war vielleicht wie ein Fohlen, das sich mit dem Maul, mit dem ganzen bloßen Körper an den Bauch der Welt kuschelt. Das Kind lag auf meinem Leib, und während ich an der Unterseite des Bettrostes entlangkletterte, hopste Randolph ein bißchen auf mir herum; seine glatte Haut rieb die meine. Immer wenn ich einen Arm ausstreckte oder mein Gewicht verlagerte, verschob sich die Ebene, auf der er lag; er war schlaksig; und er rutschte; er war fast ständig im Begriff zu fallen; so war es ein Teil meiner Anstrengung beim Klettern, daß ich ihn festhielt – mit der Innenseite meiner Oberarme, wenn ich die Arme bewegte, und mit den Schenkeln, wenn ich die Schenkel bewegte. Ich zappelte ununterbrochen, um meinen Bauch in die richtige Lage zu bringen und die Schräge auszugleichen, auf der er lag, um ihn so gut wie möglich im Gleichgewicht zu halten, während ich kletterte.

Die eigentümliche Schalheit der Luft unter dem Bett, die trübe Verstaubtheit, die leichte Verschwitztheit bei diesem Spiel waren akzeptabel, das Ganze war nicht direkt verschwendete Zeit (wie es Stillsitzen bei Tisch sein konnte oder Damespielen oft war), aber es war gerade noch ein nicht völlig nutzloses Spiel, und dann fühlte ich eine ganz kurze, schwache Regung in mir, die ich noch nie gespürt hatte, und nach einer ganz kurzen Zeitspanne, etwa einer halben Sekunde des kindlichen Staunens über dieses Fremdartige, fand ich das Phänomen von erheblichem Interesse. Es war ganz schwach gewesen; und es war so, als könnte es mich vielleicht, wenn ich genug davon fände, eines Tages süchtig machen – etwa wie das Radfahren.

Ich hatte keine Ahnung, was diese Erregung verursacht hatte, und ich fuhr fort, das zu tun, was Randolph und ich gemacht hatten, aber ich war innerlich wachsamer, und die Regung kam wieder, auch beim zweitenmal ganz schwach. Es schien mir plötzlich irgendwie logisch, daß dieses Gefühl vielleicht einfach eine Begleiterscheinung des *Trainings* der Muskelbildung sei, und daß größere Jungen deshalb so lange und konzentriert und so klaglos trainieren konnten; und vielleicht käme die Tatsache, daß muskulöse Jungen so etwas von Wohlbefinden an sich hatten, als hätten sie gerade etwas Wohltuendes erlebt, auch daher. Aber als ich dann energischer an der Unterseite des Bettes entlangkletterte, als ich sozusagen härter trainierte, so daß Randolph auf meinem Bauch herumhopste und mir den Atem nahm, kam das Gefühl erst wieder, als ich, von der Anstrengung ermüdet, meinen Hintern auf den Boden hinabließ, Luft holte und meinen Bauch so verlagerte, daß er Randolphs Gewicht trug, und Randolph sich hilfreich abstützte, um geschickter entlang der Mittelachse meines Körpers zu balancieren. Als er sich bewegte und die Arme wieder um meinen Hals schlang, in dieser relativen Stille kam das Gefühl wieder. Es konnte also keine Begleiterscheinung des Trainings sein.

Zu jener Zeit fand ich es völlig vernünftig und nicht anders als bei allem übrigen im Leben, daß ein so interessantes Gefühl geheimnisvoll und nicht so ohne weiteres hervorzurufen sein sollte. Und es war okay, daß ich mich auf die Jagd nach diesem Gefühl machte. Das alles war typisch, überhaupt nicht befremdlich. Es war fast ein dreieckiges Gefühl, hauptsächlich blau und weiß und sehr klein, aber irgendwie heiß, fast wie eine Flamme, und drumherum verdunkelte sich das Bewußtsein. Das heißt, das Gefühl erschien in der Dunkelheit blau und weiß, dreieckig wie ein Segel oder ein Wimpel (ein umgekehrter Wimpel) und sehr interessant und anscheinend der Mühe wert. Das Gute an dem Gefühl war zum Teil die Schwere und das sanft Erregende und die neuartige Süße dieser Dunkelheit, die sozusagen einfach da war, aber vielleicht war sie ein Teil dessen, was sich vollzog, und ein großer Teil dessen, was man fühlte. Das kleine Dreieck war mehr wie eine Mutmaßung eines inneren Auges in Form von etwas, das keine Form hatte. Das nur Dauer und Erstaunen kannte. Ein

Staunen der Nerven, des Körpers, des halberstaunten Bewußtseins, dieser überraschende Teil des Tarzan-Spiels.

Wenn ich still lag, kam es nicht wieder, obgleich es dazusein schien; aber es wollte nicht ganz Form annehmen, wie ein Geist, der sich weigert, sich zu materialisieren. Wenn ich mich ganz, ganz langsam bewegte, nahm das Gefühl Form an, aber manchmal so undeutlich, daß es mich nervös machte. Wenn ich mich heftig herumwarf, erschien das Gefühl, aber es war beengt, eingeengt von anderen Gefühlen, dem Sichherumwerfen und der Atemlosigkeit, und es war nicht so befriedigend. Ich wußte nicht, vermutete auch nicht, daß Randolph notwendig war. In gewisser Weise war die Jagd ein Vorhang zwischen ihm und mir, aber in anderer Weise verband sie uns, da von Augenblick zu Augenblick etwas Herrlicheres in das Spiel kam, in die nun mächtig erhitzte, schweißige *Qual* der kindlichen Tarzan-Version, die wir spielten, die ich in gewissem Maße noch immer spielte in dem Glauben, das Spiel enthielte das Vergnügen wie eine Tasse den Tee. Die Taten Tarzans und des afrikanischen Häuptlings, den er auf seinem Leib trug, gebaren das Herrliche; es entsprang dem Zusammenkleben unserer Brüste und Bäuche, das immer übertriebener, befriedigender und pausenloser wurde. Wir waren durch das Spiel wie zusammengenäht, obwohl wir es auf verschiedene Art spielten und auf ganz unterschiedliche Art erlebten, und dazu kam eine wachsende Ungeduld in mir, ein plötzlicher Gefallen an dem Spiel mit ihm. Und eine zunehmend seltsame und seltsam angenehme Mattigkeit in ihm: er wurde schläfrig, ruhiger, schwer, schlaff. Passiv.

Ich kletterte auf und ab an der Unterseite des Bettes.

Je öfter dieses Gefühl kam, desto liebenswerter erschien

mir Randolph. Aber diese Gefühlsregungen waren ebenfalls liebenswert, nur daß sie so unnennbar und so schwer faßbar waren, daß es schien, als fühlte ich mich zu einem Jungen hingezogen, der meilenweit weg von mir wohnte, den ich nicht oft zu sehen bekam und dem zu begegnen ich gar nicht hoffen durfte: teilweise hielt ich mich zurück; ich empfand eine Art trügerisches, *gelassenes* Interesse an dem, was ich tat, um die verletzte, preisgegebene, enttäuschte Zuneigung und die scheue, halb entschlossene, halb leichtfertige Besessenheit nicht zu spüren, die zuweilen die Freunde vertrieb. Und die sie manchmal mit stählernen Reifen, mit plötzlicher, leidenschaftlicher Komplizenschaft an mich band. Wenn das Gefühl tatsächlich zu spüren war, konnte ich mich nicht immer daran erinnern, was ich gerade getan hatte. Und selbst, wenn ich mich erinnerte und eine Bewegung wiederholte, kehrte das Gefühl nicht immer zurück. Ich war richtig verblüfft – wenn auch halb abwesend, ich schien nur halb bei der Sache zu sein – von der Entdeckung, daß das Gefühl, wenn es mehrmals hintereinander kam, für mich von doppeltem oder gar vierfachem Interesse war. Manchmal war das Gefühl dann erschreckend, so stark war es, und es ließ mich frösteln und brachte gleichsam etwas in mir zum Klirren.

Es war unerträglich seltsam... aber es war erträglich. Es war so quälend, als hätte man einen neuen Wald entdeckt, den man erforschte, und vielleicht wurde man von einem furchterregenden Mann mit einem Schießgewehr getötet oder verjagt, oder vielleicht begegnete einem wer weiß was. Man bewegte sich in bald schattigen, bald sonnigen Bereichen – es erschien wie Bereiche –, wo man nie zuvor gewesen war. Es hatte nichts so Neues in meinem Leben gegeben, seit ich lesen gelernt hatte. Es war ein bißchen so, als suchte man sich im Dunkeln seinen Weg, um ein erleuchtetes großes Haus, ein Herrenhaus, auszuspionieren, um zu sehen, was sehr reiche Leute taten. Oder wie das Landen auf einer Insel. Es war, als befände man sich an einem fremden Ort, wo alle Körperhaltungen fremd erschienen und man sich nicht auf vertraute Weise bewegen konnte; man wußte nicht, ob Augen einem nachspähten oder wohin die Füße treten würden oder ob man Gefahr lief zu stolpern: balancieren und sich ducken war notwendigerweise ganz anders als zu jeder anderen Zeit; oder es war, als baute man ein Baumhaus: man saß hoch oben auf einem Ast, umklammerte ihn mit den Beinen, umklammerte mit einer Hand einen anderen Ast und hämmerte mit der anderen Hand, ohne richtig ausholen zu können. So war es.

Es war enorm seltsam, aber damals war fast alles im Leben seltsam für mich, und das Seltsame war mir mehr oder weniger vertraut, und darum war ich auch in gewisser Weise so gelassen, verhielt mich entsprechend und machte weiter.

Ich begann auf eigentümliche Art zu schwitzen, oder vielmehr erschien der Schweiß auf mir und auf Randolph merkwürdig schwer und ölig, er schien mit wahrhaft unglaublicher Empfindlichkeit Druck und Bewegung von Randolphs Torso zu registrieren, wenn dieser über meinen glitt, oder wenn seine Ellbogen sich in mich hineinbohrten: es war sehr seltsam und wirkte lange nach.

Nach einer Weile nahm das, was in mir vorging, meine arglose Aufmerksamkeit so in Anspruch, daß die Außenwelt sich fast völlig verdunkelte. Ich achtete auf die Bewegungen meiner Arme und Beine und paßte mich durchaus bewußt der jetzt stummen Mimikry des merkwürdig rhythmischen Spiels an; aber Randolph war für mich nicht mehr wirklich: meine eigenen spielerischen Bewegungen waren nicht ganz wirklich – ein Teil jeder Bewegung zerfaserte zu einem kurzen, kantigen Zittern oder Zucken (wie bei einem dünnen Stück Holz, das durchgebogen wird und dann auf einen Schlag in dünne Späne zerbricht), zu für mich unwirklicher, unerklärlicher Bewegung, auf die ich nicht achten konnte und wollte. Wirklich war nur dieses Suchen eines fühlenden Ichs in mir nach etwas zunehmend Notwendigem, aber Unbekanntem, und nach etwas zunehmend Qualvollem, aber fast unendlich Begehrenswertem. In gewissem Sinne verlor ich das Bewußtsein für die Welt wie ein Christ, der Zugang zu Gott findet. Mein Bewußtsein bewegte sich in Katakomben, in Tunneln.

Ich liebkoste Randolph in keiner Weise – mir kam nicht einmal der Gedanke. Ich brachte das Gefühl mit keinem Teil meines Körpers in Verbindung. Es war einfach ein Gefühl in *mir*. Mein Bewußtsein bewegte sich in dunklen, manchmal kühlen und manchmal heißen Tunneln, die sich, dieweil ich meinen Körper bewegte, plötzlich in weite, luftige Gemächer öffneten, aus denen ebenso plötzlich die Luft entwich, während Gefühlsregungen darin widerhallten: es waren ganz besondere Räume, Kapellen fast, Räume, die ein ganz besonderes Gefühl hervorriefen. Manchmal waren sie erfüllt von sprühendem Strahlenglanz, den Donner begleitete oder eine Nachwirkung, die etwas Klopfendes oder Pulsierendes hatte wie von sich immer weiter fortpflanzenden Echos. Manchmal war da nur Geflüster oder ein so schwach pulsierendes Gefühl, daß die Regung der kleinste vorstellbare Rest von etwas war, das, an einem

Ort gefunden, dessen Hauptkennzeichen zu sein schien, daß man dort verloren und enttäuscht war, gleichwohl stets eine Spur zu hinterlassen schien, ein dünnes Bißchen von etwas, einen Rückstand, der auf seltsame Weise Gewicht hatte; und dieses Geflüster sammelte sich an, bis sein Gewicht ungeheuer erschien: es kam ein plötzlicher Ansturm, ein langer, schwerer, eigenartig weißgeäderter Erguß von etwas, von *Gefühl*, sehr seltsam und unendlich willkommen. Noch während es geschah und ich mir darüber klar wurde, daß es ein angenehmes Gefühl war, ging es schon vorüber; und ich verkrampfte mich innerlich und äußerlich – innerlich und äußerlich kindisch – wie eine Faust, ja machte aus mir eine Faust, einen Knoten aus Willen und Muskeln, um es festzuhalten; aber es gehörte nicht zu der Sorte von Dingen, die sich anhalten lassen; es war nicht Atem oder Willenskraft. Sonderbar, wie unwissend der Körper sein konnte. Das Gefühl war seinem Wesen nach unabhängig von mir, und doch gehörte es zu mir; es war zum Wahnsinnigwerden in seiner Paradoxie, aber trotz des Wahnsinns okay. Es war wie ein Muttergefühl, es weckte Gefühle wie die Mutter, ähnliche Gefühle. Und doch nicht ganz. Es war fast zum Weinen, wenn einer der schweren Stöße kam und wieder verebbte, und es war fast zum Weinen, wenn das Gefühl, nachdem ich es mehrere Sekunden lang nicht wiedergefunden hatte, zurückkehrte.

Manchmal erschien das Gefühl grausam und plump wie ein Ereignis in einem komischen Film, der seine Komik aus Zerstreutheit, Dummheit und anhaltend erfolgloser Hast bezieht.

Es wollte mir lange nicht gelingen, das Gefühl in Abständen von einiger Regelmäßigkeit hervorzurufen. Als ich es schließlich schaffte, kamen die aufeinanderfolgenden Regungen in Begleitung von Wind (vielleicht mein ausgestoßener Atem), von Tönen, von Kühle und Hitze zugleich, von taktilen Empfindungen, als glitte ich auf einem Kinderspielplatz eine Rutsche hinunter, die aus Pelz, aus zarten Federn, aus Seide gemacht war; und es gab Lichterscheinungen, zumeist aus silbrigem Licht, oft wie ein Aufblitzen von Silberfolie oder wie eine Abfolge von Blitzen, die mir mystische oder idiotische Chiffren signalisierten, eine Botschaft, die ich nicht entschlüsseln konnte, aber ungeheuer genoß, wenn auch anders, als ich je zuvor einen Genuß erlebt hatte. Noch nie war Genuß so mit Schmerz vermischt gewesen, so traurig, so körperlich. Oder vielmehr doch, bei Neckspielen und dergleichen, aber niemals so. Mein Körper war noch nie so gewesen.

Randolph beklagte sich schläfrig; er bewegte sich; er sagte, er wolle etwas anderes spielen. Ein kaum merklicher Protest. Anfangs schien es nur Einbildung zu sein, ein Teil des Spiels, dieses schläfrige Gewimmer, das mich erstarren ließ vor Verlustangst, vor Gereiztheit, der Gereiztheit der angekratzten Autorität; dabei entglitt mir das Gefühl und kam dann manchmal stärker wieder. Aber ich hatte mich geirrt: es war nicht Teil des Tarzan-Spiels. Er sagte: »Es passiert ja gar nichts. Du sprichst nicht mit mir. Du beachtest mich gar nicht – du sollst doch mit mir spielen.«

Sein Beisein war wirklich nicht erforderlich bei dieser Gefühlsjagd, außer in einer ganz speziellen Hinsicht.

Nun sprach ich mit ihm. Meine Lippen waren ein bißchen dick und ließen sich schwer bewegen, aber ich konnte sprechen, und abgesehen von einer Unlust zu sprechen sah ich keinen Grund, nicht zu sprechen. Ich erzählte ihm, Tarzan und der Häuptling führten einen Kampf bis aufs Messer. Ich konnte nicht gleichzeitig sprechen und klettern; aber als ich langsamer wurde, fing Randolph an, hinunterzuklettern. Ich ließ meine Beine auf die Erde fallen und unsere Oberkörper dann sanfter hinterhersinken. Einen Kampf bis aufs Messer mimend, wälzte ich mich mit ihm auf dem Fußboden bis in die Mitte des Zimmers. Ich war in Schweiß gebadet; mein Bewußtsein war mit sanftem Grau gefüttert wie Maulwurfsfell. Ich sagte zu ihm: »Ich kann dich nicht loslassen, du würdest mich töten, wenn ich dich losließe.«

Er sagte: »Ich will nicht der Häuptling sein.«

»Okay, dann bist du Tarzan. Ich bin der Häuptling. Ich kann dich nicht loslassen. Wenn ich es tue, wirst du mich töten.« Ich nahm Randolph fest in die Schere meiner Beine. »Versuch zu fliehen«, sagte ich zu ihm; er versuchte es; ich sagte, er solle sich mehr Mühe geben, er solle sich beim Losstrampeln hauptsächlich auf die Körpermitte konzentrieren. Er beklagt sich, ich hielte ihn zu fest. »Na ja, dann mußt du dir eben mehr Mühe geben«, sagte ich, arglos hinsichtlich dessen, was ich tat, und doch wiederum nicht arglos, denn ich wußte, daß ich etwas anderes spielte als er und daß ich ihn gewissermaßen benutzte; doch schließlich benutzte er mich auch – aber er bemühte sich auch zu tun, was ich ihm sagte. Das Gefühl schien sich des Inneren der gewöhnlichen Sinne zu bedienen, so daß ich mit geschlossenen Augen ein Licht *sah*, das ich mit aufgeschlagenen Augen nicht hätte sehen können, und meine Ohren hörten ein Geräusch, das nicht von außen kam. Ich hatte keine Ahnung, daß die Jagd nach diesem Gefühl ein anderes Ende nehmen könnte, als daß Randolph und ich müde wurden und ich nach Hause ging. Ich wußte, daß ich, sobald ich Randolph losließ, was ich zweimal tat, plötzlich gelangweilt, verletzt und fast ängstlich war; ich nahm ihn also wieder zwischen die Beine; und er wehrte sich. Es ärgerte mich, daß das Gefühl beim Zerfallen keinen Hinweis auf seine Wiederherstellung hinterließ. Ich mußte alles lernen. »Gib dir mehr Mühe«, sagte ich plötzlich voller Ekel zu Randolph; alles in mir war so verworren, daß es nicht auszuhalten war; und zugleich war es interessanter, als es je gewesen war; und doch war es beklemmend. Ich nahm Randolph so fest in die Zange, daß er sich wirklich wehrte und heftig zappelte. Plötzlich war ich ganz Interesse: ich starrte, aber nicht mit meinen wirklichen Augen; ich lauschte; hinter einem Vorhang begann eine Welt über den Holzfußboden zu rollen. Fünf eng verkettete Regungen stiegen in mir auf und trennten mich von der Wirklichkeit; die Vorhänge flogen auseinander: Ich stand am Rande einer weiten schwarzen Leere; das runde Ding rollte heraus und spie Blitz und Donner, aber nicht so laut wie zuvor, nicht so grell, beinahe artig. Aber ich fürchtete mich. Doch die Furcht war nicht so schlimm. Und ich flog über... über etwas, purzelte über die runde Kugel und fort in die Dunkelheit, warme, seltsam schmelzende Funken sprühend, farblos, aber glutheiß; etwas versengte mich; etwas wie ein Draht peitschte durch mich hindurch; er wurde durch mich hindurch- und dann von mir fortgezogen und weidete mich aus; ich wurde in Trauer, in Erstaunen gestürzt, in ein seltsames Nichts, eine Gefühlsleere, wie ich noch nie eine erlebt hatte. In der Haltung eines Toten am Fußboden horchend, rollte ich zur Seite. Da war noch ein schwächeres, kurzes Pfeifen in mir, ein Gefühl wie von einem sanfteren

Licht, das aufging und etwas wie eine Gewitterwolke mit seinem Glanz erfüllte, und dann drang eine Hand, eine Hand durch die Zimmerdecke, packte mich und schüttelte mich und drückte mich, so daß ich glaubte, ich müßte sterben. Ich konnte weder atmen noch verhindern, daß ich die Luft und was da sonst noch in mir war – ich wußte nicht was – ausstieß. Sie drückte mich, bis ich tot war, und dann war ich knochenlos und erschlafft und ohne Begriffsvermögen. Ich rollte mich auf die Seite, die Hand unter der Wange, einen Finger seitlich an den Lippen, während Randolph als Tarzan so tat, als erwürgte er mich. Ich merkte kaum, was er tat. Ich fürchtete mich sehr und glaubte, ich hätte mir innerlich etwas gebrochen – ich wartete, ob ich wie mein Vater einen Herzanfall bekommen und sterben oder noch einmal davonkommen würde. Der Schrecken war da, und doch fühlte ich ihn nicht. Ich fühlte nichts. Schleier der Betäubung umgaben mich. In meiner Unterhose war ein kleiner Fleck. Ich sah ihn, er hatte ungefähr die Größe eines Zehncentstücks, ich wußte nicht, was es war, ich beschloß, später darüber nachzudenken. Es fiel mir nicht leicht zu denken. Als mein Bewußtsein sich wieder ein wenig zu regen begann, sagte Randolph, ich sei tot, er habe gewonnen, was Tarzan jetzt machen solle? Ah, ah, dachte ich, zunächst seltsam benebelt, was war das? Es hatte keinen Namen. Ich versuchte gar nicht erst zu raten, was es war. Ich dachte: Ich bin gespannt, was das war. Die Welt, meine Zeit auf ihr, schien mir anders; ich fühlte, daß ich in einem Augenblick den Unterschied würde festnageln können. Ich lag zusammengerollt auf der Erde, und Randolph saß auf meiner Schulter, ein Kind, das ich kaum kannte und das mich mochte und Zugang zu mir hatte, ob ich es nun mochte oder nicht. Nach einer Weile stellte ich mit einer gewissen gesunden Selbsteinschätzung fest, daß es mir gefallen hatte, was es auch gewesen sein mochte, und daß ich nicht tot war. Ich sagte zu Randolph: »Ich spiele gern Tarzan – wir müssen mal wieder Tarzan spielen.«

Nachdem ich gegangen und auf dem Heimweg zu meinen Eltern, zu jenem Haus war, bemerkte ich, daß ich nicht so traurig und furchterfüllt war wie sonst auf dem Heimweg (ich wußte nie, ob es meinem Vater schlechter ging oder ob er gar tot war, und wie meine Mutter sich aufführen würde); und in einer Vorstadtstraße, auf der sich außer mir niemand herumtrieb, unter Bäumen, deren Blätter in einer matten Frühlingsbrise leise raschelten, kam mir die Vermutung, daß ich etwas ganz Besonderes entdeckt hatte!

Etwas Besänftigendes – unfehlbar, heiß.

Inhalt